리듬 걷기

석 보 은

리듬 걷기
ⓒ 석보은

2쇄 발행 2022년 12월 15일

지은이 석보은
펴낸이 윤한로
편집 권용 김현경 이은숙
디자인 samho print

펴낸곳 다시문학
등록일 2017년 3월 16일
등록번호 제385-2017-000023호
주소 경기도 안양시 동안구 시민대로 383 디지털엠파이어 B동 808
전화 031-8086-7999

값 12,000원
ISBN 979-11-976820-3-2

이 책의 판권은 지은이와 다시문학에 있습니다.
양측의 서면 동의 없는 무단 전재 및 복제를 금합니다.
잘못 만들어진 책은 바꿔드립니다.

다시 작가들 07

리듬 걷기

석 보 은

차례

1부 리듬 걷기

직립 보행하다 15
걷는 것이 우선이다 16
반복의 힘 17
즐겁게 걷기 18
걷는 사람 19
자연에 몸을 맡기고 20
언제, 어디서든 22
겸손하게 23
물 마시기 25
세상에서 가장 먼 거리 27
시가 되는 걸음 28
다다익선 29
걸어서 출근 30
걷기는 호흡이다 32
균형과 조화 33
불편함을 유연함으로 34
선순환 1 35
선순환 2 36
별이 된다 37

2부 희망으로 걷다

호랑이를 만나다 41
전이 42
매일 10km 걷기 43
걸음을 모아 나가다 44
걷기지도자 1급 과정 46
팔의 부종이 좋아지다 48
동병상련 50
그랜드슬램 워커 52
제주 250km 걷기대회 54
원주 100km 걷기대회 63
제1회 낙동강 90km 밀양아리랑 걷기대회 65
2017 군산 새만금 66km 걷기대회 67
제18회 신라의 달밤 165리 걷기대회 69
제1회 운틴고도 느리게 걷기대회 72
걷기 공부 74
생활체육 지도학과 75
걷기 강사 76
자신의 리듬으로 78

3부 치유의 숲길, 임도

천등산 임도　83
덕동 임도　84
운탄고도　90
의림지 품은 용두산 임도　92
두산 임도에서 멧돼지를 만나다　95
백덕산 임도　98
걷기 편한 송강 임도　100
우구치 임도　102
옥석산 임도　104
팔왕재 평동 임도　105
꽃댕이 임도　106
접산 바람 마을, 동강길　108
가보지 못한 길　110

4부 애들아, 걷자

더 워커 115
아이들과 함께한 100km 걷기대회 117
2018 한여름 달밤 걷기 119
2018 남한강 자전거길 걷기 122
2019 제13회 한국 100km 춘천 대회 126
2022 자기 성장 광화문 아웃도어 128

5부 평화 걷기

2003 단양 곡계굴에서 문경 석달마을 89km 133
2004 의림지에서 제천 간디학교 94.4km 136
2005 미당에서 곡계굴 87.3km 138
2006 보발재를 넘다, 자양영당에서 곡계굴 77km 141
2007 소백산 국망봉을 넘다 105km 144
2008 박달재를 넘다 83.4km 146
2009 마구령, 고치령을 넘다 70km 148

2010 청령포 장릉길 69.7km 150
2011 주천강 물길 따라 66km 152
2012 제주 4.3 평화 걷기 155
2013 강화도 나들길 158
평화 걷기를 마치며 161

6부 준비 운동

준비운동 171
발목 돌리기 173
쪼그려 앉았다가 일어서기 174
무릎 돌리기 175
허리 숙였다 펴고, 뒤로 젖히기 176
골반과 허리 돌리기 177
팔과 어깨 돌리기 178
목 운동 179
마무리 운동 180

7부 걷기 자세

몸을 곧게 세우고 걷는다 183
시선은 전방을 향하고 걷는다 184
턱을 들면서 살짝 당기고 걷는다 185
어깨에 힘을 빼고 걷는다 186
가슴을 펴고 걷는다 187
코어를 의식하며 걷는다 188
허벅지, 무릎, 발목을 스치듯 걷는다 190
발뒤꿈치부터 닿고 발끝으로 나간다 191

1부 리듬 걷기

왜 우리는 성공하려고 그처럼 필사적으로 서두르며,
그처럼 무모하게 일을 추진하는 것일까?
어떤 사람이 자기의 또래들과 보조를 맞추지 않는다면,
그것은 아마 그가 그들과는 다른
고수(鼓手)의 북소리를 듣고 있기 때문일 것이다.
그 사람에게 자신이 듣는 음악에 맞추어
걸어가도록 내버려 두라.
그 북소리의 박자가 어떻든,
또 그 소리가 얼마나 먼 곳에서 들리든 말이다.
그가 꼭 사과나무나 떡갈나무와 같은 속도로
성숙해야 한다는 법칙은 없다.
그가 남과 보조를 맞추기 위해
자신의 봄을 여름으로 바꾸어야 한단 말인가?

-헨리 데이비드 소로

직립 보행하다

나무들이 하늘을 향해 자라듯
새들이 하늘을 향해 날아오르듯

자연의 리듬에 맞춰
직립 보행하다.

걷는 것이 우선이다

어떤 자세가 바른 걷기 자세이고,
어떤 자세가 제대로 된 걷기일까?

평화롭고 기쁜 마음으로 걷는 것이 좋은 걷기다.
자세를 의식하는 것은 좋지만, 바른 자세, 제대로 된 자세를 신경을 쓰다 보면 걷는 것이 부담될 수 있다.

바른 자세, 제대로 된 자세로 걷기가 쉽지 않다.
걷기 자세는 눕기, 앉기, 서기 자세와 맞물려 나타나는 유기적인 움직임이기 때문이다.

평상시에 앉고, 서는 자세가 바르지 않은 사람이 단숨에 바른 자세로 걷는다는 것은, 우물에서 숭늉을 찾는 것이다.

지금까지 바르게 걷는 자세를 의식하지 않고 걸었다면,
조금씩 자신의 걷는 자세를 의식하면서 걷는다.
걸으면서 착지 방법, 골반 걷기, 시선 처리, 호흡에 관심을 가지고 필요할 때 배우면 된다.

반복의 힘

낙숫물이 바위를 뚫고 우공이 산을 옮긴다.
하루 만 보씩 걸으며 걷기 자세를 다듬으면 만 번을 연습하게 된다.
걷기는 같은 동작의 반복이다.
자신의 자세를 의식하고, 잘못된 자세를 고치기 위해 노력하면 된다.

바른 자세, 제대로 된 걷기 자세가 걷기의 목표는 아니다.
꾸준히 걷다 보면 저절로 자세도 좋아지고 근력이 붙고,
심신이 건강해질 것이다.
걷기의 목표는 건강한 삶이다.

어슬렁어슬렁 걸어도 된다.
바르게 걷지 않아도 된다.
제대로 걷지 않아도 된다.
걸으면 즐겁고, 그냥 걷고 싶고, 몸이 조금씩 더 건강해지고,
삶이 희망과 감사함으로 다가온다면 좋은 걷기다.

즐겁게 걷기

많이 걷는다고 저절로 자세가 좋아지는 것은 아니다.
꼭 바른 자세로 걷고, 제대로 된 자세로 걸어야 하는 것도 아니다.

걷기는 몸의 영역에서 출발하지만, 삶의 자세와 정신, 마음의 영역으로 확대되는 움직임이다.

즐겁게 걷다 보면 바르게 걷게 되고, 바르게 걷다 보면,
제대로 걷고, 제대로 걷다 보면 아름다운 걸음이 된다.

아장아장 걷는 아기 모습이 예쁘다.
아기는 아기의 몸에 맞게 걷는다.
아기에게 바른 자세, 제대로 된 걷기 자세를 이야기할 필요가 없다.

아기는 아기의 리듬으로 걷는다.
아기가 한 발, 한 발 땅을 딛듯, 한 발, 한 발 즐겁고 감사한 마음으로 걷는다.

걷는 사람

여러 사람과 걷다 보면 자신도 모르게 우쭐거리고 속도를 낸다.
100km나 250km 걷기대회에 참가해 보면 탈출하는 사람들처럼 급하게 출발한다.
자신도 모르게 경쟁에 빨려드는 것이다.

걷기대회는 순위를 따지지 않는다.
이것이 걷기대회의 매력이다.
자기 속도에 맞게 걸으면 된다.
100km를 14시간 만에 걷는 사람이 있고,
제한 시간 안에 겨우 들어오는 사람도 있다.
속도를 내려면 마라톤이나 100m 달리기를 하면 된다.
빨리 걷는다고 걸음이 빨라지는 것도 아니다.
오히려 몸에 힘이 들어가 에너지를 불필요하게 낭비한다.

걷기는 비경쟁 운동이다.
삼삼오오 동네 한 바퀴 꾸준하게 도는 할머니, 할아버지들이 걷는 사람이다.
엄마 아빠와 손잡고 아장아장 걷는 아기와 엄마, 아빠가 걷는 사람이다.
토닥토닥 장난을 치며 걸어가는 아이들이 걷는 사람이다.

자연에 몸을 맡기고

우리 삶이 꽃길만 걸을 수 없듯,
좋은 길만 고집하지 않는다.
자갈길이나 비포장 험한 길도 걷는다.
운동하기에는 나쁜 길,
험한 코스가 오히려 도움이 되기도 한다.

지친 몸과 마음을 달래기 위해서는 좋은 길을 찾아 걸어본다.
걷기 전의 설렘과 걸을 때의 행복감으로
아름다운 숲길의 새소리, 바람 소리에 젖는다.

꽃과 숲의 향기와 눈 부신 햇살 속에 몸을 맡겨 본다.
몸과 마음이 치유된다.
신의 선물이다.

언제, 어디서든

걷는 데 특별한 도구가 필요하지 않다.
누구나 손쉽게 할 수 있다.
공간만 있으면 언제, 어디서든 걸을 수 있다.
밤새도록 걸을 수 있고,
휴일에는 긴 시간을 걸을 수 있다.
비가 내릴 때는 우산을 쓰고 걸으면 된다.
눈이 내릴 때는 눈을 맞으며 걸어도 좋다.

새벽의 푸르고 신성한 기운을 느끼며 걷고,
태양이 떠오를 때, 떠오르는 해를 보며 걷는다.
걸어서 출근하면 신성한 기운으로 하루가 힘차다.
일하다가 틈나는 시간, 점심 식사 후 가볍게 산책한다.

고된 하루 일을 마치면 노을을 가슴에 안고 집으로 간다.

겸손하게

잘나서 걷는 것이 아니다.
걷기는 치열한 속도 경쟁 속에서 상처 입은,
약하고 아픈 나를 만나는 것이다.

걷기는 내 마음속으로 이어진 수천수만 갈래 길 중
꼭 간직해야 할 가장 소중한 나를 찾아가는 것이다.
한 발자국, 한 발자국
소박하고 겸손하게 드리는 기도다.

물 마시기

일상에 쫓기다 보면 물 마시기가 쉽지 않다.
노화는 몸의 건조화이기도 하다.
젊음을 유지하는 비결 중 하나가 몸의 수분을 뺏기지 않는 것이다.

걸으면서 물을 마신다.
쉽게 소변으로 배출되지 않게 조금씩,
목을 축이는 정도로 마신다.
걸으려 나설 때 작은 배낭을 메는 습관을 들인다.
배낭 옆 주머니에 물병을 넣고,
목마르기 전에 틈틈이 물을 마신다.

걷기 전에 한 컵 물을 마시고 나서면 더욱 좋다.
보온병에 따뜻한 현미차를 담아서 마셔도 좋다.
물을 마시면서 걸으면 몸이 부드러워지고 따뜻해진다.

바람 시원한 곳
노을 지는 언덕
시냇물 힘차게 흐르고

새들이 지저귀는 나무숲
들판의 아름다움 속에서

걸으면서 물 한 모금 마시고, 물 흐르듯 걷는다.

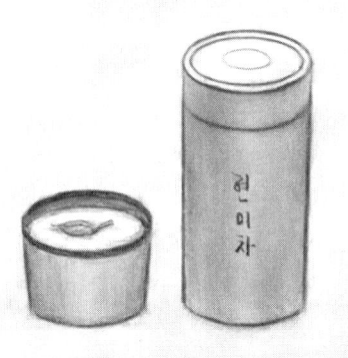

세상에서 가장 먼 거리

일정한 시간을 내서 걷기가 쉽지 않다.
세상에서 가장 먼 거리는 현관문까지라는 말이 있다.
바쁜 일상에 쫓기며 살기 때문이다.

마음먹고 걸으려는데,
비가 오면 더욱 현관문을 나서지 못한다.
그러나 유혹을 뿌리치고 나서서 걷다 보면,
더운 여름날 쏟아지는 비는 시원함이다.

우산을 쓰고 소나기가 쏟아지는 빗속을 걸으면,
시원함이 뼛속까지 스민다,
여름의 끈적거림이 빗물에 씻겨나간다.
문을 나서기가 어렵지 한번 문을 나서면
발걸음이 저절로 가벼워진다.

걸으면 마술처럼 생각이 달라진다.
쌀쌀한 날씨는 시원한 날씨가 된다.
어두운 저녁 길은 별빛 가득한 하늘이 된다.
추운 겨울 걷다 보면 열기가 모여
내 몸이 세상에서 가장 따뜻한 난로가 된다.

시가 되는 걸음

걸으면 하체에 힘이 생기고 굳어진 몸이 풀린다.
걷기는 후유증이 적은 운동이며, 드는 비용도 적다.
심폐 기능이 좋아지고, 체지방 감소, 비만 개선, 당뇨,
고혈압, 고지혈증 등 대사증후군을 예방한다.

특히, 스트레스, 불안감, 우울증 등 정신적 건강에 좋다.
면역력 증진에 효과가 크다.
걸으면서 풀리지 않던 생각과 가슴에 맺힌 응어리가 풀어지고 심신이 치유된다.
걸으면서 꽃을 노래하고 스치는 바람에 몸을 맡긴다.
흘러가는 구름에 가락을 싣고 춤을 추듯 걷는다.

걸음걸이에 흥이 실리고,
자연에 대한 겸손이 있고,
발자국마다 평화로움이 스민다.
발자국마다 선함과 부드러움과 감사함이 묻어나면,
그 사람의 걸음은 한 편의 시가 된다.

다다익선

지나침은 모자람만 못하다.
운동도 그렇다.
그러면 걷기는 어떨까? 하루 만 보?
아니면 하루 10km 이상 걷는 것이 좋을까?
정답은 없다.

온종일 걸으며 일하는 사람도 있고,
온종일 앉아서 일하는 사람도 있다.
사람마다 다르고, 상황에 따라 다르다.

노동이 건강한 움직임으로 직결되면 좋지만
관절이나 근육을 오래 사용해 병이 될 수 있다.

그러나 몸을 보살피는 걷기는 다다익선이다.
하루 만 보 이상 걸으면 좋다.
하루 10km 걸으면 더 좋다.
알맞은 속도를 내서 걸을 수 있으면 더욱 좋다.

걸어서 출근

보온병에 현미차, 사과 한 개, 달걀 두 개
가방에 넣고 나선다.
소풍 가는 마음이다.
아침의 향기와 빛깔이 눈부시다.
발걸음이 가볍고 힘차다.
풍경이 아름다운 곳에서 사랑하는 사람과 손잡고 걸으면 데이트가 된다.

넓은 들판을 가로지르고, 커다란 굴을 지난다,
비밀의 화원길을 지난다.
하천 둑길을 걷다가 수양버들 아름다운 정자에서 쉰다.
돌에 앉아 달걀 하나, 사과 두 쪽으로 아침 식사를 한다.
걸어서 출근하면 하루가 힘차다.

매일 소풍이다.
마음이 밝아진다.
몸이 건강해진다.

걷기는 호흡이다

사람들과 이야기하며 즐겁게 걷는 것은 좋다.
산과 들에 핀 꽃을 보며 자연을 느끼는 것도 좋다.
그러나 내 몸을 관찰하고, 내 몸의 리듬을 느끼려면
침묵하며 호흡에 집중할 필요가 있다.

의식적, 규칙적으로 호흡하며,
지형에 따라 다양한 리듬을 적용하며 걷는다.
걷기와 호흡은 두 개의 날개가 되어 나를 생명의 리듬 속으로 이끌어 줄 것이다.

균형과 조화

새는 온몸으로 난다. 걷기도 마찬가지다.
발로, 다리로 걷는 것이 아니다.
온몸의 근육과 관절이 서로 유기적으로 연결되고,
머리부터 발끝까지, 위아래, 오른쪽 왼쪽, 안과 밖이
서로 조화를 이루며 걷는다.

오른손잡이는 오른손과 오른발을 많이 사용한다.
자기도 모르게 좌우 비대칭이 된다.
무릎이 아프다.
어깨 결림, 두통이 생기고, 목이 찌뿌둥하다.
틀어지고 균형이 깨진 자세 때문이다.

몸의 균형과 조화를 위해
오른손잡이는 왼손, 왼팔, 왼쪽 다리를 더 사용해
근육과 골격이 균형을 이루도록 노력한다.
걸으면서 왼팔을 더 힘차게 흔든다.
왼발에 체중을 더 많이 싣고, 왼쪽 다리로 보폭을 더 늘린다.

위와 아래, 오른쪽 왼쪽, 안과 밖, 몸의 균형이 잡히고,
근육과 골격이 조화를 이루며 건강해진다.

불편함을 유연함으로

좋은 걷기는 몸에 힘을 빼고 자연스럽게 걷는 것이지만,
편한 걸음이 자연스러운 걸음인 것은 아니다.
모델의 워킹이 우아하고 아름다운 것은, 리듬이 있기 때문이다.
걷기 자세에 대해 훈련하고 노력한 결과다.

편안한 것이 자연스러운 것이라는 착각에서 게으름이 생긴다.
운동은 불편하고 힘든 것을 선택하는 것이다.
힘들지만 동작의 반복을 통해 균형을 맞추고,
약해진 부위를 강화하려고 노력한다.

운동은 불편하고 어색한 것을 받아들이는 것이다.
불편하지만 바른 자세를 의식하고 노력하다 보면,
자연스럽고 아름다운 걸음이 된다.

선순환 1

보은은 걸으면서 성격이 밝고 힘차졌다.
소극적이던 사람이 긍정적이고 적극적으로 바뀌었다.
움직이는 것을 싫어하던 사람이 몸 움직이는 것을 좋아하게 되었다.

호흡이 깊어졌다.
많이 웃는다.
허약한 몸이 건강해졌다.
암 재발에 대한 두려움을 뒤로하고 씩씩해졌다.
수술 후유증으로 돌처럼 딱딱하던 왼쪽 팔 부종이 좋아졌다.
걷기 전에는 추위를 많이 탔는데 한겨울에도 추위를 덜 탄다.

하루 10km씩 걷고, 24시간을 걸어야 하는 100km 대회는
물론 제주 250km 대회를 3년 연속 참가해 거뜬히 걸었다.
체육 시간을 가장 싫어하던 학생이 걷는 사람이 되고
걷기 강사가 되었다.

선순환 2

석보는 걸으면서 우울증과 불면증이 개선됐다.
위와 장이 좋지 않았으나,
걸으면서 소화 기능이 향상되고 위와 장이 좋아졌다.

매년 환절기 때 허리 통증으로 고생했는데,
걸으면서 코어에 힘이 생기고, 허리 통증이 많이 완화됐다.

걸으면서 술을 끊었다.
술 마시는 시간 대신 걸었다.
건강이 좋아지고 짜증이 많이 없어졌다.
마음이 편안해지고 몸이 곧아졌다.

별이 된다

벚꽃 흩날리는 길을 걸으면
우리 발자국이 흩날리는 꽃잎과 다르지 않다.
돌아보면
우리가 걸어온 발자국 하나하나 꽃이 되었다.

날아오르는 새처럼 힘차게
팔을 흔들며 걷다 보면
우리가 걸어온 발자국 하나하나
꽃잎 위에 쌓이고
구름 위에 쌓여
밤하늘에 빛나는 별이 된다.

2부 희망으로 걷다

여행자들과 걷는 첫날, 나는 놀라운 사실을 깨닫곤 한다.
사람들이 어찌나 숨을 안 쉬는지,
자연스럽게 숨을 쉬는 사람이 별로 없다.
호흡을 배운다는 것은 무엇보다 자기 자신을 관찰하는 것이다.
숨 쉴 때마다 자기 자신과 의식적인 관계로 들어서는 것이다.

— 다닐로 자넹

호랑이를 만나다

옛날이야기 속에는 사람을 잡아먹는 호랑이가 종종 등장한다.
우리는 살아가다 갑자기 호랑이를 만나듯 생각지 못한 어려움을 만난다.
때로는 목숨까지 내어놓아야 하는 상황에 부딪히기도 한다.
생명을 위협하는 암이 그렇다.

보은은 2011년 11월 유방암을 진단받았다.
갱년기인 50을 막 넘긴 시점이다.
암을 진단받고 처음엔 당황스러웠다.
암도 생로병사의 자연스러운 흐름이라는 것을 받아들였다.
생활 습관을 고치고, 식이요법 등으로 삶을 개선하려고 노력했다.

전이

유방암 진단을 받은 지 만 2년이 지나자,
겨드랑이 림프로 전이되었다.
호두알 크기의 혹이 생기고 빠른 속도로 커졌다.

주먹 두 개 정도 크기의 혹에서 하루에도 여러 번 두꺼운 거즈를 갈아낼 만큼 진물이 나왔다.
통증은 없었으나 일상생활이 쉽지 않았다.
몸무게가 37kg까지 내려갔다.
몸의 기능이 급격히 쇠약해진 상태로 국립암센터를 찾았다.

국립암센터에서는 앞으로 3달을 넘기지 못할 것 같다고 했다.
며칠 입원해 정밀 검사를 하고 치료 과정을 협의했다.
2015년 4월부터 7월까지 항암 치료를 했다.
7월 30일 한쪽 가슴과 함께 겨드랑이 림프 12개를 제거하는 수술을 했다.

수술을 시작할 때도, 마치고 퇴원할 때도 담당 의사는 강조해서 말했다.
수술은 일상생활의 편리를 위한 것이지 생명을 연장하는 것과 상관이 없다고 했다.

매일 10km 걷기

수술 후 방사선 치료까지 마쳤지만,
언제 암이 재발할지 모르는 불안함 속에서 생활했다.
오랜 치료 기간으로 사회와도 단절된 상태였다.

그러던 2016년 가을, 우리나라에 걷기를 보급해온 상지대학교 이강옥 교수님을 만났다.
원주 100km 대회, 제주 250km 대회, 새만금 66km 대회 등을 만들어 전국의 걷는 사람들에게 희망과 열정을 심어주신 분이다.
보은에게 매일 10km씩 걸으면 건강하게 생활할 수 있을 것이라며 '매일 걷기'를 권유했다.

보은은 강의 다음 날인 2016년 11월 12일부터 매일 10km씩 걸은 기록을 카톡으로 보내드리며 가르침을 받았다.

오늘 걸음 10km
총거리 100km
걸은 일수 10일
못 걸은 일수 1일
총일수 11일

걸음을 모아 나가다

매일 10km를 걷고 거리를 더해 나갔다.
걸음을 측정하고 기록하는 방법으로 트랭글 앱을 이용했다.

이 앱은 500m마다 걷고 있는 속도와 평균속도와 걸은 시간을 음성으로 알려 준다.
걸은 후에는 걸어온 코스와 총거리, 평균속도가 기록된다.

매일 걷지 못하는 상황이 생길 수 있다.
특별한 사정으로 오늘 걷지 못했으면 다음 날, 20km를 걸었다.
오늘 30km의 장거리를 걸었으면 다음 이틀은 쉬면서 지친 몸을 보살피기도 했다.

장거리 걷기를 한 날은 통장에 저금 액수가 넉넉한 것처럼 든든했다.

걷기지도자 1급 과정

하루 10km씩 걸으면서 기운이 없어 늘 구부정했던
보은의 등과 허리가 펴지기 시작했다.
몸에 힘도 생기고 작았던 목소리가 씩씩해졌다.
추위를 많이 타서 어깨를 잔뜩 움츠리고 겨울을 나던 보은이
하루에 30~40km의 장거리 걸음을 한 날은 발과 다리에서
열이 나 한겨울에도 이불을 걷어차고 잤다.

매일 걷기를 하면서 어떻게 걸으면 건강에 좋을까?
 한 걸음 한 걸음 걷기 자세에 신경을 쓰며, 걷기 공부를 하고 1급 걷기지도자 과정을 마쳤다.

걷기지도자 과정 공부를 마친 2017년 4월,
 24시간 안에 100km를 걷는 제11회 한국 100km 걷기대회에 도전해 완보했다.

팔의 부종이 좋아지다

하루 10km씩 3년 총 10,000km 넘는 걸음으로 몸이 많이 달라져 있었다.
놀라운 변화는 림프샘 12개를 제거한 보은의 왼팔에서 확인할 수 있었다.
왼팔 부종으로 여름에 반팔로 된 윗옷을 입지 못했었다.
재활의학과 의사는 수술한 팔에 부기가 생기면 평생 회복이 어려울 거라고 했었다.

매일 10km 걸음을 걸은 지 일 년이 되면서, 밤마다 압박붕대를 하고 자야 했던 부기가 조금씩 빠지기 시작했다.
3년 가까이 되자 양쪽 팔이 거의 비슷한 상태로 바뀌고, 압박붕대를 하지 않아도 되었다.
여름에 짧은 반팔 티셔츠를 자유로이 입게 되었다.

팔에 토시가 쑥쑥 들어가 신기했다.
나무토막처럼 딱딱하게 굳어있던 왼팔이 부드러워지고, 오른팔과 왼팔이 거의 비슷해졌다.

동병상련

걷기대회에 참가하면 많은 사람과 만난다.

사업에 실패하고 폐인처럼 지내다가 걷기 시작하면서 삶의 활기를 되찾은 사람,
자살 시도를 여러 번 할 만큼 우울증을 앓다가 걷기로 좋아지고 있다는 사람,
뇌졸중으로 쓰러져 몸을 자유롭게 움직이지 못하다가 매일 걷기로 일상생활을 조금씩 하게 된 사람,
걷다 보니 당뇨약을 먹지 않아도 된 사람,
서로 다른 사연을 가진 사람들끼리 오랜만에 걷기대회에서 만나 인사를 나눈다.

함께 걸으며 서로의 삶을 응원하고, 자신의 삶을 격려한다.

그랜드슬램 워커

제주 250km 걷기대회
원주 100km 걷기대회
낙동강 90km 밀양아리랑 걷기대회
군산 새만금 66km 걷기대회

4개의 걷기대회를 모두 완보하면 그랜드슬램 워커가 된다.
내일을 기약할 수 없이 37kg으로 뼈만 앙상했던 보은이다.
매일 걷다 보니 어느새 그랜드슬램 워커가 되어 있었다.

제주 250km 걷기대회

제주 250km 걷기대회는 연초에 제주도 해안을 따라 올레길 250km를 하루 50km씩 걷는다.
코로나 이전 2017~2019년 3년 연속 참가했다.

이 대회는 5일간 새벽 6시에 출발해 12시간 안에 약 50km를 걷는다.
어두운 밤이 되어서 걷기를 마치고 숙소로 돌아오는 고된 일정이다.
무엇보다도 5일 동안 체력을 잘 관리하며 걸어야 한다.

첫해는 고전을 면치 못한 혹독한 걷기였다.
3년째 참석한 해에는 풍경을 즐기며 걸을 수 있었다.
걸으며 열심히 사진을 찍고, 해변 카페에서 차도 마셨다.
꾸준히 걷다 보면 나이테가 자라듯
걷기 능력도 좋아지는 것을 확인할 수 있다.

2017년 대회에는 고등학교를 막 졸업하는 딸도 함께 걸었다.
딸은 학교 밴드 동아리 보컬이다.

졸업식 연주와 걷기대회 날짜가 겹쳐 고심하다가 졸업식 음악발표를 뒤로하고 걷기대회에 참가했다.

아픈 엄마의 장거리 걸음을 응원하려고 함께 걸어 준 딸에게 미안하고 고맙다.
제주 걷기대회 주최 측에서는 7년째 대회를 치르지만,
고등학교 학생이 대회에 참가한 것은 처음이라고 했다.

Walking
걷기

	날짜	2019-01-19
	위치	제주특별자치도
	소모열량	1735.3 kcal
	거리정보	전체거리 **49** km 운동거리 **49** km
	시간정보	전체시간 **11:27:21** 운동시간 **09:47:33** 휴식시간 **01:39:48**
	속도정보	최고 **6.5** km/h 평균 **5.0** km/h	>
	고도정보	최고 **99** m 최저 **31** m	>
	LAPS 구간속도 및 시간		>

Walking
걷기

📅	날짜	2019-01-20
📍	위치	특별자치도 서귀포시
🔥	소모열량	1742.9 kcal
📍	거리정보	전체거리 **51.77** km 운동거리 **51.77** km
🕐	시간정보	전체시간 **12:09:04** 운동시간 **10:31:25** 휴식시간 **01:37:39**
⏱	속도정보	최고 **7.1** km/h 평균 **4.9** km/h ›
📐	고도정보	최고 **187** m 최저 **1** m ›
📍	LAPS 구간속도 및 시간 ›

Walking
걷기

	날짜	2019-01-21
	위치	제주특별자치도
	소모열량	1878.0 kcal
	거리정보	전체거리 53.55 km 운동거리 53.55 km
	시간정보	전체시간 12:18:21 운동시간 11:09:48 휴식시간 01:08:33
	속도정보	최고 8.1 km/h 평균 4.8 km/h
	고도정보	최고 83 m 최저 2 m
	LAPS 구간속도 및 시간	

Walking
걷기

📅	날짜	**2019-01-22**
📍	위치	**제주특별자치도**
🔥	소모열량	**1665.6** kcal
📍	거리정보	전체거리 **46.88** km 운동거리 **46.88** km
🕐	시간정보	전체시간 **10:34:06** 운동시간 **09:25:50** 휴식시간 **01:08:16**
⏱	속도정보	최고 **51.7** km/h 평균 **5.0** km/h >
⛰	고도정보	최고 **50** m 최저 **9** m >
🕐	LAPS 구간속도 및 시간	>

Walking
걷기

📅	날짜	2019-01-23
📍	위치	제주특별자치도
🔥	소모열량	**1402.9** kcal
📍	거리정보	전체거리 **39.7** km 운동거리 **39.7** km
⏱	시간정보	전체시간 **08:27:37** 운동시간 **07:35:45** 휴식시간 **00:51:52**
⏱	속도정보	최고 **6.8** km/h 평균 **5.2** km/h ❯
📐	고도정보	최고 **97** m 최저 **11** m ❯
⏱	LAPS 구간속도 및 시간	❯

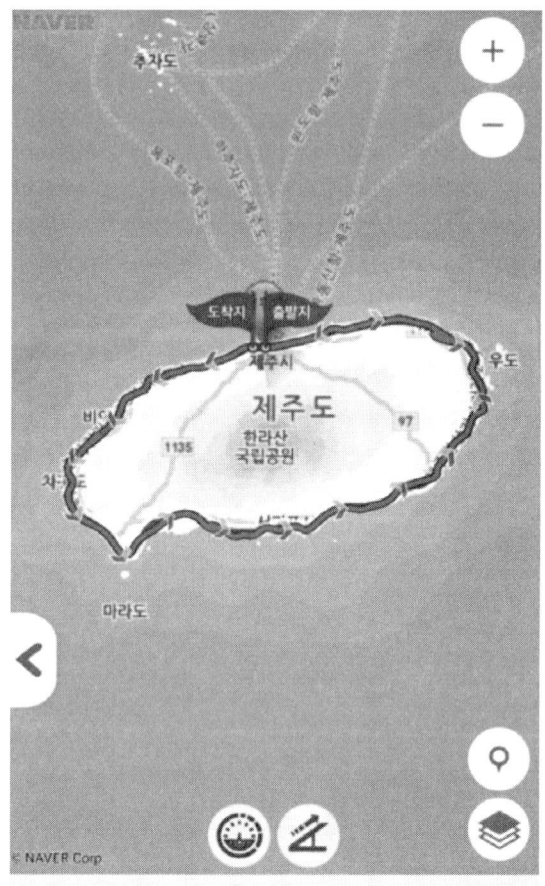

원주 100km 걷기대회

100km 걷기대회는 하루 밤낮을 걷는다.
낮에는 너무 덥지 않고 밤에는 너무 춥지 않은 시기를 고려해 4월 중순쯤 열린다.
원주 종합운동장을 출발해 섬강 길, 부론, 귀래, 간현, 원주천을 거쳐 24시간 안에 출발지로 돌아온다.

2017년 첫해는 어렵게 완보했다.
결승선을 기다시피 들어왔다.
2018년 두 번째 참가할 때는 지역 걷기동호회 사람들과 참가했다.
석보가 근무하는 중학교 걷기 동아리 학생들도 함께 걸었다.
100km를 걸은 뒤에도 몸이 가뿐했다.
꾸준히 걷고, 바른 자세로 걷기 위한 노력의 결과가 놀랍다.

2019년은 춘천에서 열렸다.
공지천과 의암호 주변을 걷는 아름다운 코스다.
중학교 학생들 16명이 참가해 50km를 완보했다.
석보 후배 최진이 학생들을 보살피며 함께 걸었다.

제1회 낙동강 90km 밀양아리랑 걷기대회

2017년 제1회 대회에 참가했다.
밀양에서 출발해 부산 다대포까지 낙동강을 따라 걷는다.

등 번호를 자유롭게 적을 수 있어서 석보는 아들의 생년월일, 보은은 딸의 생년월일 네 자리를 적어 등에 달고 걸었다.
온 가족이 함께 걷는 느낌이었다.

90km를 20시간 안에 걷는 대회였는데 매일 걷기를 시작한 지 얼마 되지 않아서 20시간 가까이 되어 겨우 도착할 수 있었다.

밀양에는 한반도 환종주를 2번이나 한 남상돌님이 있다.
이 대회는 이분의 열정과 노력으로 만들어졌다.

2017 군산 새만금 66km 걷기대회

밤 9시에 출발해 새만금 방조제를 33km 걸어갔다가 다시 돌아오는 걷기대회다.
이 대회는 12시간 안에 들어와야 한다.

100km 걷기대회보다 거리는 짧으나 빠른 속도로 걸어야 해서 완보가 쉽지 않다.
바닷바람을 맞으며 초반 33km를 평균속도 시속 6.0km로 걸었다.
후반에는 10km 정도 남기고 지쳐서 앞으로 나가기가 쉽지 않아 겨우 완보한 대회다.

68

제18회 신라의 달밤 165리 걷기대회

2000년부터 시작되었다는 신라의 달밤 165리 걷기대회.
2019년 11월 9, 10일 무박 2일로 진행됐다.
대회 참가를 위해 제천역에서 오송역으로, 오송역에서 다시 신경주역으로 4시간 기차를 타고 가서 대회에 참가했다.

경주 황성공원 축구장에 전국에서 3천여 명이 모여 걷기 축제를 즐겼다.
신라의 달밤이라는 단어가 주는 묘미가 많은 사람을 모이게 했을까?

대회를 마치고 다시 4시간 동안 기차를 타는 강행군의 일정이지만, 참가자들의 열기가 가슴을 뜨겁게 했다.

야경이 아름다운 보문단지 호수길,
한밤중에 오른 토함산,
석굴암에서 맞는 새벽 걸음이 기억에 남는다.
이날 걷기대회 참가자들은 문화유적지를 무료로 통과할 수 있어 대회 후반은 관광하며 걸을 수 있었다.

Walking 걷기

📅	날짜	시작일 **2019-11-09** 종료일 **2019-11-10**
📍	위치	경상북도 경주시
🔥	소모열량	**2356.9** kcal
📍	거리정보	전체거리 **63.53** km 운동거리 **63.53** km
⏱	시간정보	전체시간 **14:40:28** 운동시간 **13:08:37** 휴식시간 **01:31:51**
⏲	속도정보	최고 **58.4** km/h 평균 **4.6** km/h
△	고도정보	최고 **592** m 최저 **56** m
⏱	LAPS 구간속도 및 시간	

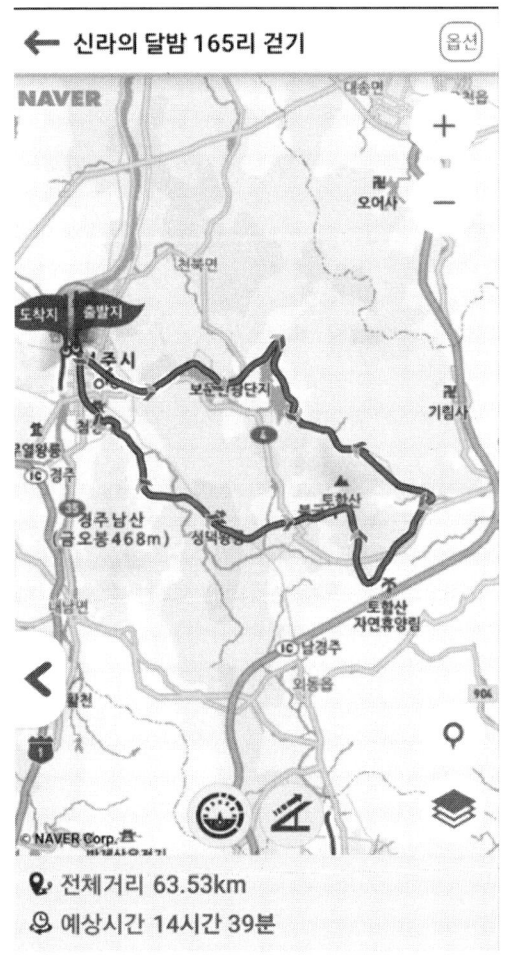

제1회 운탄고도 느리게 걷기대회

멀리 내려다보이는 산 아래 풍경과
야생화 가득한 숲길 운탄고도!

운탄고도 느리게 걷기대회가 2022년 10월 열렸다.
이번 대회는 운탄고도 3길 코스로
10월 1일부터 10월 9일 중 하루를 선택해서 걸으면 된다.

제천 의림지동 주민센터 걷기반 회원들과 단체로 10월 3일 참가했다.
영월 김삿갓 아리랑 장터에서 접수하고, 모운동 벽화마을까지는 셔틀버스로 고갯길을 40분 정도 이동했다.
모운동 벽화마을서 걷기 시작해 석항 삼거리 반환점까지 갔다가 되돌아 만봉사 주차장에서 마치는 코스다.
코로나로 걷기대회가 열리지 않다가 오랜만에 참여한 걷기대회라서 그런지 회원들 모두 즐거워했다.

걷기 공부

그냥 걸으면 되지, 걷는데 무슨 공부냐고 의아해하는 사람들이 많다.
맞는 말이다.
걷기는 인간이 성장하면서 저절로 익히게 된 몸동작이기 때문이다.

그런데 젓가락 사용하는 것에서부터 식사 예절까지,
배운 사람과 배우지 않은 사람과는 차이가 있다.
아무 음식이나 먹고, 제대로 씹지 않고 급하게 먹으며, 과식하고, 편식하면 건강에 좋을 리 없다.
좋은 식단, 청결한 식사 환경, 알맞은 음식을 섭취하는 건강 식사가 있듯, 걷기도 제대로 된 걷기, 바른 자세, 건강 걷기가 있다.

3년 동안 매일 10km 걷고, 각종 대회에 참가해 그랜드슬램 워커가 되고, 걷기 동호인들과 전국을 다니며 걸으면서,
걷기 자세와 제대로 걸을 수 있는 공부가 필요했다.

생활체육 지도학과

건강을 위해 2016년부터 매일 걷기를 시작한 이후 걸으면 걸을수록 인체의 신비와 운동 효과에 대한 궁금증이 커졌다.

좀 더 효과적인 건강 걷기를 위해 책을 읽고 걷기 공부를 했다.
그러던 중 한국방송통신대학교에 생활체육 지도학과가 신설되었다는 소식을 듣게 됐다.
석보은은 2021년 환갑 나이에 동반 입학했다.

체대 입학으로 운동과 건강에 관한 공부를 깊고 재미있게 하게 되었다.
교수들의 명강의는 주경야독이라는 어려움을 삶의 활력과 에너지로 승화시켜 주었다.

건강교육론, 운동생리학 등의 강의를 들으면 어렵지만 뿌듯했다.

걷기 강사

어떻게 걸으면 건강에 좋을까?
답을 찾으며 걸어왔다.
보은은 죽음을 선고받았던 환자에서, 다른 사람의 걸음을 이끌어주는 걷기 강사가 되었다.

체육 시간을 가장 싫어했던 보은이 걷기 강사로 다시 태어난 것은 암으로 저승의 문턱까지 갔던 암 생존자의 필사적인 노력에 의한 결과다.

보은은 2020년부터 보건소에서 주관한 주민자치프로그램 바르게 걷기반 강사를 시작했다.
'이하의 집' 중증 지체 장애가 있는 사람들에게 야외 걷기 프로그램을 진행했다.
코로나 상황 속에 갇혀있던 그들에게는 걸으러 나서는 것만으로도 기쁨을 주었다.
2022년 5월부터 교직원들을 대상으로 하는 퇴근길 걷기 연수를 석보은이 함께 진행하고 있다.

자신의 리듬으로

생과 사를 오가던 보은은 걸어서 활력을 찾고 건강해졌다.
그러나 처음부터 바른 자세로 걸으려고 노력하며 걸은 것은 아니다.
오랜 투병과 재발에 대한 두려움을 떨쳐내고,
살아보겠다는 희망을 안고 그냥 걸었다.

보은은 생활체육 지도학과에 진학한 뒤에야
몸의 움직임과 운동에 관한 체계적인 공부를 하며,
바른 자세의 필요성도 깨닫게 되었다.

자세는 중요하다.
바른 자세로 걸을 수 있다면 그보다 좋을 수 없다.
그러나 본질은 움직이는 것이다.
살아있는 생명은 움직이고, 죽어있는 생명은 움직이지 않는다.

한 시간이고 열 시간이고 즐겁게 걷는 것이 우선이다.
바른 자세, 제대로 된 걷기도 중요하지만 걷기를 즐기는 것이 우선이다.

3부 치유의 숲길, 임도

임도는 들어가는 입구를 찾기가 쉽지 않다.
임도 진입로가 비밀의 문처럼
숲에 가려져 있기 때문이다.
입구를 찾지 못해 그냥 올 때도 있다.
임도에 들어갔어도 이정표 없는 갈래 길이 많아
길을 헤매기도 한다.
임도는 스스로 찾고, 하나하나 몸으로 확인해야 하는
비밀창고 같은 곳이다.

천등산 임도

천등산은 노래 가사로도 유명한 산이다.
천등산 임도를 걸으면 한 번쯤 이 곡조를 흥얼거리게 된다.
천등산 임도는 24km 정도이며, 7시간 정도 소요된다.
하루 걷기에 알맞은 코스다.

다릿재로 진입하면 오른쪽, 왼쪽 어디로든 순환할 수 있다.
임도를 한 바퀴 돌아 도착하면, 온종일 걸었어도 걷지 않은 것처럼 몸이 가뿐하다.
적당히 오르막 내리막이 있어 운동 효과도 크다.

천등산 임도로 들어가는 진입로는 6곳이 있다.
다릿재 경은사 맞은편 부근
석문 쪽, 합천 미지농장 쪽
삼탄유원지 쪽에서 올라오는 도덕삼거리
장선교회 쪽
충주 산척면 방향서 올라오는 둔대삼거리 쪽이다.

다릿재길 정상 부근에 있는 진입로를 이용해 천등산 임도로 들어가 걷는 것이 편안하다.

덕동 임도

제천시 백운면 백운산에 있는 임도로 흰 구름 사잇길이라고도 한다.
백운산 덕동 임도는 4개의 코스가 있다.
12km, 16km, 25km, 42km 4개의 코스 모두 순환할 수 있다.

덕동 계곡은 맑고 아름답기로 유명하다.
관광객이 많이 찾는 곳이라서 여름에는 도로가 혼잡하다.

덕동 임도를 걷기 위해 생태공원주차장에 주차하고 출발한다.
숲길은 언제나 청량감을 준다.
2017년에는 생태숲 관리사무실에서 키우는 흰둥이가 앞장서서 길을 안내해주곤 했다.

관리사무실에서 8km 정도 걸어가면 갈림길이 나오는데,
계곡으로 내려가는 오른쪽 길을 따라 내려가면 1코스 12km다.
1코스는 가볍게 걸을 수 있고,
걷기를 마칠 때쯤 맑고 풍부한 계곡물에 발을 담글 수 있다.

초여름에는 빨간 왕보리수 열매가 임도 길가에 주렁주렁 달려있다.
탐스러운 보리수 나무길을 걷다 보면 낙원을 걷는 듯하다.

2코스는 1코스 갈림길에서 오른쪽 계곡 길로 하산하지 않고 왼쪽으로 직진하면 된다.

덕동 임도는 조금 더 걷고 싶으면 언제라도 거리를 늘릴 수 있는 장점이 있는 곳이다.
2코스까지는 갈림길이 별로 없어 길을 잃고 헤맬 염려가 없다.
2코스 역시 두 번째 갈림길에서 오른쪽 계곡 길로 하산하면 16km 거리의 편안한 길이다.

덕동 임도와 차두리 운학 임도를 이어 걷는 42km 코스는 마음의 준비를 단단히 해야 걸을 수 있는 코스다.
덕동 임도에 이어 운학 임도까지 걸어 차도리로 내려오면 약 42km 정도 길게 걸을 수 있다.
새벽 6시부터 걷기 시작해 오후 6시 30분까지 이어지는 긴 걸음이다.
간간이 쉴 수 있는 정자도 있고 길 관리도 잘 된 편이다.

Walking
걷기

📅	날짜	2019-05-25
📍	위치	충청북도 제천시
🔥	소모열량	1913.3 kcal
	거리정보	전체거리 **42.42** km 운동거리 **42.42** km
⏱	시간정보	전체시간 **12:13:29** 운동시간 **10:40:53** 휴식시간 **01:32:36**
	속도정보	최고 **11.9** km/h 평균 **4.0** km/h ›
	고도정보	최고 **848** m 최저 **292** m ›
	LAPS 구간속도 및 시간	›

< 충청북도제천시   옵션

전체거리 42.42km
예상시간 12시간 12분

운탄고도

중국에 차마고도가 있다면 우리나라에는 운탄고도가 있다.
1980년대까지 강원도 탄광 지역에서 캐낸 석탄을 운반하던 숲속 넓고 평탄한 길이다.
만항재에서 걷기 시작하면 해발 1,330m의 높이로 한여름에도 서늘함을 느낄 만큼 여름 걷기에 좋은 길이다.

제천역에서 밤 1시 11분 기차를 타고 새벽 3시 고한역에 도착해서 걷는 것도 좋다.

고한역에서 지장계곡을 따라 만항재까지 일반도로를 10km 걸어 올라간다.
고한역에서 정암사까지 택시를 타고 가면 5km 정도 일반도로로 가는 길을 줄일 수 있다.
만항재, 화절령, 사북역까지 20여km 임도를 걸으면 총 30km 정도의 길이다.

사북 쪽으로 내려와 사북역에서 기차를 타고 돌아와도 되고, 더 길게 걷고 예미역에서 기차를 타고 돌아오는 방법도 있다.

의림지 품은 용두산 임도

용두산 임도는 해발 700m 정도의 의림지를 품은 숲길이다.
피재 정상 부근에 있는 진입로로 들어가서 용두산 근처까지 갔다가 오면 10km 정도가 된다.

임도에 들어서면 시원한 솔바람과 함께 산속 나뭇잎들이 좋은 기운을 내뿜는다.
용두산 임도로 들어서서 3km를 걸어가면 갈림길에서,
왼쪽으로 가는 오르막길은 오미로 넘어가는 길이다.
직진하면 용두산 방향이다.
계속 직진해서 걷다 보면 용두산 입구에 넓은 사거리 평지가 나온다.
사거리에서 앞으로 가면 용두산 정상이다.
오른쪽은 물안이골로 내려가는 코스다.
왼쪽으로 가는 길은 송한으로 해서 오미로 넘어가는 긴 코스다.
이 코스는 반나절 걷기에 좋은 17km 정도 거리다.

2022-01-16

지역	기온
충청북도 제천시	정보없음

시 간
- 운동시간 **04:04:06**
- 전체시간 **04:10:36**
- 휴식시간 **00:06:30**

거 리
- 운동거리 **17.2** km
- 총 거리 **17.2** km

속 도
- 최고속도 **6.3** km/h
- 평균속도 **4.3** km/h
- 구간속도 **5.5** km/h

두산 임도에서 멧돼지를 만나다

두산 임도는 황정교 쪽에서 진입하면 초입이 운동장처럼 넓고 부드러운 흙으로 평평하게 다져져 있다.
어릴 때 운동장에서 만국기 휘날리며 운동회를 하는 느낌이 들 정도다.

임도를 걷다가 멀리서 흙을 파며 평화롭게 놀고 있는 멧돼지 가족을 만났다.
먼저 본 우리가 걸음을 멈추고 가만히 서 있자
가장 큰 멧돼지가 우리를 경계하며 어슬렁거리고 있다.
어미로 추정되는 멧돼지가 우거진 수풀 쪽으로 이동하자 어린 멧돼지들이 하나둘 따라갔다.
어린 멧돼지 네 마리가 모두 숲으로 들어가자
맨 마지막 남은 멧돼지가 새끼멧돼지들이 간 수풀 쪽으로 방향을 돌려서 갔다.

산에서 멧돼지를 만났을 때, 대처 방법은 최대한 멧돼지를 자극하지 않는 것이다.
놀라서 소리치거나 도망을 가서 멧돼지를 자극하지 않도록 주의한다.

임도를 다닐 때는 여러 가지 위험한 상황에도 대비하고, 자연을 훼손하지 않는다.
숲길은 사람들이 이용하는 공간임과 동시에 산짐승들이 생활하는 곳임을 염두에 두고 걷는다.

백덕산 임도

가보고 싶은 임도였다.
지도상으로 평지에 가까운 해발 800m대의 임도이기 때문이다.
2019년 2월 8일 눈이 내린 임도를 걸었다.
백덕산 8부 능선을 감고 도는 평지 수준의 순환 코스로 매력이 있는 임도다.

결론부터 말하자면 기대에 부응한 임도다.
시계 방향으로 돌았는데 평지처럼 임도가 이어져 있어 시속 5km 속도로 걸었다.
임도를 이런 속도로 걷기는 처음이다.

쌓인 눈이 마치 하얀 융단 위를 걷는 것처럼 편안하고 푹신했다.
아쉬운 점이라면 지도상으로는 25km 정도로 예상했었는데 실제로는 22km였다.
좋은 길은 더 길게, 더 오래 걷고 싶어지는 까닭이다.

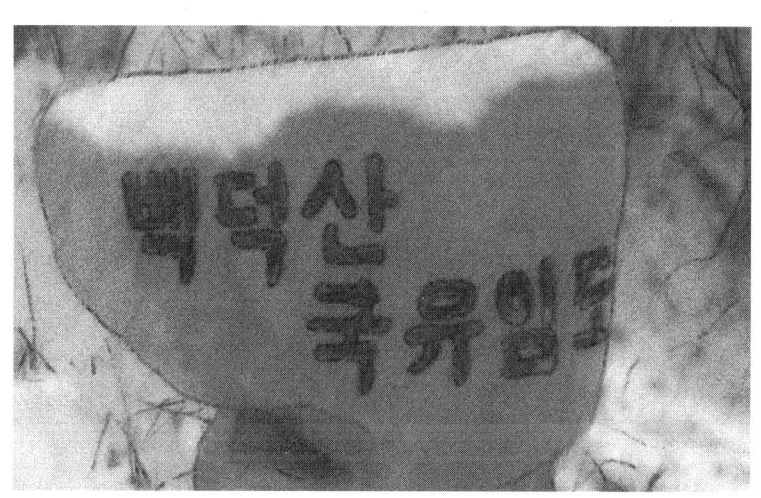

걷기 편한 송강 임도

짧은 시간에 걷기 좋고, 비교적 완만한 경사의 임도를 꼽으라면 송강 임도다.

산 아래 펼쳐진 저수지 송강호와 옹기종기 모여있는 마을이 조화를 이룬 곳이다.
산을 내려보며 걷다 보면 어느새 임도가 끝나고 인가가 나온다.
임도 거리가 짧다 보니 낮이 긴 계절에는 오후 4시쯤 나서서 걸어도 해거름에 마칠 수 있는 장점이 있다.

인가와 임도가 잘 어울려 있는 곳,
사람 사는 풍경과 호수를 낀 자연이 아름다운 길이다.

우구치 임도

제천에서 자동차로 영월 내린천 까마득한 고개를 올라 88번 국도 경북 봉화 우구치 재를 넘는다.
우구치 2교에 주차하면 임도 진입로가 보인다.

우구치 임도는 봉화 옥석산 임도를 답사하려다 옥석산 임도 입구인 줄 알고 들어가 걷게 된 길이다.

맑고 조용한 숲길이 마음에 들었다.
얼마 후 봉화 옥석산 임도를 답사하고 제천의 걷기 회원들과 다시 걸었다.

옥석산 임도

제천에서 영월 우구치재를 넘어 봉화 옥석산 임도까지 가려면 승용차로 약 1시간 20분 걸린다.

먼 길인데도 우거진 숲과 높은 고도로 한번 가서 걸어볼 만한 임도다.
금정 텐넬(동물이 다닐 수 있게 만든 다리)에 차를 세우면 큰길가에서 임도 입구가 보인다.

도래기재에서 임도 걷기를 시작하면 해발 790m의 높은 고도라 평탄한 길과 우거진 낙엽송으로 10km 지점까지는 편안한 신선 걸음이 된다.

순환에 의미를 두지 않고 좋은 길만 골라 걷는다면 도래기재에서 출발해 전반 10km 정도만 걷고 되돌아오는 20km 걷기를 추천한다.

팔왕재 평동 임도

박달재 옛길과 배론을 경유하는 숨겨진 길이다.

박달재와 배론을 거쳐 순환하려면 제천 봉양읍과 배론성지나 팔송교 근처에 주차한다.

구학역 앞 팔송천 둑을 따라 배론성지로 걸어간다.

팔왕재 고개를 넘어 박달재 휴양림과 평동 임도로 갈라지는 갈림길에서 평동 임도 쪽으로 간다.

이정표를 따라 주론산 등산로로 올라가다 보면

박달재휴게소로 내려가는 오솔길이 나온다.

박달재 옛길로 내려와 팔송천을 따라 걷는다.

짧은 코스는 배론성지에 주차하고 팔왕재 고개 정상까지 걷고 다시 내려오면 세 시간 정도 시간이 소요된다.

꽃댕이 임도

꽃댕이 임도는 백운산 덕동 임도 반대편에 위치한다.
순환 18km 정도의 길로 다소 난이도가 있다.
임도는 약간의 여유를 갖고 힐링하는 마음으로 걷는 것이 좋다.

꽃댕이(화당) 임도 진입로는 충청도와 강원도 경계인 배재 정상에 있다.
고개에 주차하면 왼쪽도 임도 입구, 오른쪽도 임도 입구가 보인다.

숲은 나무 그늘이 깊고 물은 적다.
고개에 차를 세우고 걸으면 내리막으로 편안하게 걸을 수 있다.

내려가서 맞은 편 임도로 진입하려면 화당로 6길로 들어가야 진입이 수월하다.
깊은 나무 그늘과 맑고 우렁찬 계곡 물소리, 시원한 산골바람이 물가에 앉아 쉬어가게 한다.

꽃댕이 임도는 산이 높고 숲이 우거져 사람들이 잘 다니지 않는 깊은 산 속 길이다.
　자기구역을 침범한 것이 싫은지 산짐승 울음소리가 들린다. 실제로 이 지역에는 호랑이에게 생명을 잃은 사람의 뼈를 수습하여 돌무덤을 만든 호식총이 있다.

접산 바람 마을, 동강길

신비한 하늘과 편안한 산과 강물.
그리고 계곡과 서늘한 바람이 어우러진 길이다.
이곳을 걸으려면 삼옥1리 마을회관에 주차하고 봉래산 별마로천문대 방향으로 올라간다.

삼옥1리 마을회관에서 출발해 약 3km 남짓 걸어가다 보면 갈림길이 나온다.
오른쪽 접산 방향 산길로 들어가서 구간 안내 표지를 따라서 걷는다.

이 길은 접산 명품자전거길이라 구간 표지판이 잘 세워져 있어서 처음 오는 이도 걷기가 수월하다.
접산을 넘어 바람 마을 자생식물원을 지나는데 산 아래 경치와 산바람이 탄성을 자아내게 한다.

가보지 못한 길

이 책에 싣지 못했지만
충주호가 아름답게 내려다보이는 서운리 임도
사람들 발길이 닿지 않고 길이 시원시원한 단양 연곡 임도
피재골을 가운데 두고 용두산 임도와 짝을 이루는 모산 임도
아기자기한 옥전 임도
칡꽃 향기 가득하고 다래 열매가 익는 멧골 임도
농가들이 많은 구학 금창 임도
배재 넘어 귀래를 내려다보고 걷는 운남 임도
마음속에 간직하고 있는 임도들이다.

산을 바라볼 때 제일 먼저 임도가 있는지 살펴보게 된다.
아직 가보지 못한 임도가 많아서 좋다.
걸으러 나서는 상상만으로도 설렌다.

4부 얘들아, 걷자

어찌 멈추랴! 이제 절반의 길을 왔을 뿐인데
다시 돌아서 제천시청으로 향하는 발걸음은
가볍지 않았지만, 누구 하나 뒤처지지 않았다.

'더 워커'의 명성이 쌓여가는 시간이다.
누가 이들을 일러 게으름, 나태, 불만, 태만을 운운할 것인가.
그저 청춘의 통과의례일 뿐이다.
내일을 보리! '누리호'에 실린 이들의 꿈을 보라!

'더 워커'는 힘차게 대지를 딛고 앞으로 나간다.
젊음, 우정, 사랑, 효심 어둠을 몰아내고
앞으로, 앞으로 나간다.
밤을 밝혀 전진한다.
먼동의 태양을 향해 전진한다.

– 2022 '더 워커' 달밤 걷기를 함께 하며
산해 쓰다

더 워커

새 학년이 되어서 걷기 이야기를 하면 학생들은 눈을 반짝이며 뜨겁게 호응한다.

그래서 만든 동아리가 '더 워커'다.
집에서 학교까지 10분이면 걸어올 수 있는 거리도 승용차를 타고 오는 아이들이다.
그런 아이들이 100km 대회에 나가겠다고 나서니 신기할 뿐이다.
그 열기로 중2 사춘기 학생들과 걷는 동아리를 만들었다.
그 이름이 더 워커다.

남자 중학교에서 5년간 근무하며, 더 워커는 학생들과 가까워지고 소통하게 된 감사한 공간이다.
걸으면서 이야기를 나눌 수 있고, 함께 걷는 것 자체로 우정을 나눌 수 있다.
동아리 걷기는 또래 아이들이 공유하고 나눌 수 있는 그들만의 연대감을 형성해 주는 것 같다.

아이들과 함께한 100km 걷기대회

2018년 4월 21, 22일 제12회 한국 100km 대회에 학생 2명과 함께 참가했다.

2018년 첫해에는 어린 학생들에게 100km는 무리일 수 있다고 판단해 평소 합기도 등, 운동으로 단련된 소수 학생을 선발했다.
아이들은 단숨에 100km를 걸을 듯 자신만만하다.
하지만, 성장기 학생에게 100km를 걷게 하는 것이 바람직한지 검증되지 않았기 때문에 조심스럽게 접근했다.
열의를 가지고 훈련에 충실히 따른 2명의 학생만 대회에 출전시키기로 대회 개최 측하고 충분히 협의했다.

아이들은 20km까지는 새털처럼 가볍게 걷는다.
20km를 넘어서면 서서히 활기가 없어진다.
30km 지점이 되면 발걸음이 무거워지기 시작한다.

문제가 되는 것은 신발이다.
계속 걸으면 피가 아래로 몰려 발이 붓는다.
평소 신던 신발인데 테이핑을 하고 두꺼운 양말까지 신었으니 발이 옥죄어 올 수밖에 없다.

이걸 미처 생각하지 못했다.

더 걷고 싶어 했지만, 무리하지 않는 것이 옳다고 판단해 53km 지점에서 마무리했다.

아래 표는 석보은 기록이다.

Walking 걷기

날짜	시작일 **2018-04-21** 종료일 **2018-04-22**	
위치	강원 원주시	
소모열량	**3914.6** kcal	
거리정보	전체거리 **100** km 운동거리 **100** km	
시간정보	전체시간 **22:46:49** 운동시간 **21:15:19** 휴식시간 **01:31:30**	
속도정보	최고 **8.1** km/h 평균 **4.7** km/h	>
고도정보	최고 **422** m 최저 **69** m	>
LAPS 구간속도 및 시간		>

2018 한여름 달밤 걷기

한여름에는 달밤 걷기를 한다.
더운 여름날에는 낮에 걷기가 쉽지 않아서다.

2018 한여름 달밤 걷기는 아이들이 여름방학 중에 걷고 싶어 해서 방학 전부터 계획을 세웠다.
야간 걷기라 어른들의 보살핌이 필요해서 지역의 걷기동호회 회원들이 함께 걸었다.
저녁 8시에 의림지에서 출발해 피재를 넘는 코스다.

어른들의 칭찬을 받으며 걷는 학생들.
자기들끼리 이야기하며, 노래하고, 노래를 들으며 걷는다.
학교생활의 불만을 얘기하기도 하고, 친구 험담도 하고,
욕도 하고 자기들끼리 비밀스러운 얘기도 시끄럽게 하지만, 여름밤은 그 모든 것을 다 들어준다.

달빛을 보며 걷다가 시를 외우기도 하고, 배운 시를 이야기 하는 모습을 본다.
달밤이 학생들의 정서를 자극한 모양이다.
걸으면서 자연스럽게 정서가 솟아났는지 모르지만 새로웠다.
거친 남학생들에게서 보게 되는 또 다른 모습이다.

달빛 비치는 저수지를 지나고, 위로 기차가 지나다니던 안경다리를 지나 봉양 기차역 근처 편의점에 들러 생수도 보충하고 시원한 간식을 먹는다.

밤 12시경에 힘들어하는 학생들은 귀가시킨다.
마지막으로 3명이 남아 장평천을 따라 걷다가, 두학초에서 흑석동을 지나, 솔티재를 넘었다.
장락사 7층 모전 석탑에서 잠시 쉬고, 장락 삼거리에서 비행장을 지나 다시 의림지로 가는 45km 코스를 걸었다.

달밤에 시작해서, 떠오르는 해를 보며 마무리하는 힘든 걸음이지만 아이들은 스스로 걸었고, 또 어른들의 칭찬에 밝게 웃는다.

2018 남한강 자전거길 걷기

 기말고사를 마친 아이들 몇몇이 걷고 싶다고 해서 12월 15일 가까운 충주 근처 남한강 자전거길을 걸었다.

 제천 시외버스터미널에서 오전 8시에 안산 가는 버스를 타고 용포 정류장에서 하차한다.
 용포에서 충주 시외버스터미널까지 약 28km 걷는 구간이다.

 앙성 비내길을 지나 20km 지점 중앙탑공원에 점심 식사를 했다.
 함께 걸었지만 점심 식사는 세대별로 한다.
 돈가스를 먹고 싶은 학생들과 청국장을 먹고 싶은 어른들의 슬기로운 점심 식사다.

Walking
걷기

날짜	2018-12-15	
위치	충청북도 충주시	
소모열량	949.6 kcal	
거리정보	전체거리 **27.8** km 운동거리 **27.8** km	
시간정보	전체시간 **06:24:55** 운동시간 **05:21:18** 휴식시간 **01:03:37**	
속도정보	최고 **19.0** km/h 평균 **5.2** km/h	>
고도정보	최고 **179** m 최저 **81** m	>
LAPS 구간속도 및 시간		>

2019 제13회 한국 100km 춘천대회

2018년에 걸은 얘기부터 시작해 사진까지 보여주니 학생들이 더욱 적극적으로 2019년 100km 대회 참가에 나선다.
선배들이 걸은 사진과 완보증까지 보니 더 실감이 나는 모양이다.
반에서 30명 중 20명이 100km 대회에 참가하겠다고 지원한다.

더 워커 학생들 외에 참가를 희망하는 학생들도 훈련 시켰다.
매년 4월 중순에 열리는 100km 대회에 참가하기 위해서는 3월부터 주말에 10km, 20km, 30km를 삼삼오오 모여 걷게 한다.
트랭글 앱 기록을 카톡 대화방에 올리게 하고, 꾸준히 걸은 학생들만 선발해서 대회에 참가시킨다.

코로나가 발생하기 전인 2019년 4월 20, 21일 제13회 한국 100km 춘천 대회에 16명이 참가했다.
이 대회에서는 하프 코스인 50km만 걷기로 했다.
대회에 참가한 학생의 학부모께서 차량 봉사를 해주어서 수월하게 걸을 수 있었다.
참가자 16명 중 2명이 45km 지점에서 포기해 14명 완보했다.

2022 자기 성장 광화문 아웃도어

2021년까지 코로나로 거의 모든 대회가 취소되었다.
아이들에게 열정적으로 걷기를 이야기할 수 없다.
대회에 참가한다고 나서면 데리고 나갈 수 없기 때문이다.

2021년은 보건소와 협의해 '걸어서 등하교하기 프로젝트'를 하고, 방학 중에는 '이열치열 걷기'를 했다.
대회라는 짜릿한 맛이 없지만, 학생들이 많이 참여했다.
참가해서 프로젝트를 달성한 학생들은 보건소에서 마련한 부상으로 텀블러를 받았다.

마침내 코로나로 인한 규제가 완화되고,
2022년은 충청북도 수련원에서 실시하는 아웃도어 성장 거점학교가 되었다.
격주 동아리 활동 시간에 하소천 둑길과 삼한 옛길 걷기를 기본으로 해서 용두산 임도 걷기, 한여름 달밤 걷기, 그린 아웃도어, 도시탐험 과정인 광화문 아웃도어 프로그램을 진행했다.

아이들은 또래 집단과의 다양한 활동을 통해 배우고 성장한다.
교실 안의 반복되는 일상에서 벗어나 활동 준비를 하고, 어깨를 부딪치며 세상을 배워간다.

5부 평화 걷기

한국전쟁 당시 충북 단양 영춘면 상리 느티마을
곡계굴에 피난해 있던 민간인이 희생되었다.

느티마을 주민과 인근 지역에서 피난해 온 사람들은
곡계굴 입구에 가축과 가재도구를 쌓아 놓고 굴속에 피신해 있었다.

1951년 1월 20일(음력 12월 13일) 10시경
전투기 4대가 곡계굴을 1시간 정도 폭격했다.
연기와 불길이 굴속으로 번져 들어가 안에 있던
피난민 대부분 연소 질식사했다.

희생된 사람은 300여 명으로 추정되며,
신고된 희생자 160여 명 중
10살 이하의 어린이가 40여 명, 부녀자가 90여 명에 이른다.

당시 굴 안에 피난해 있다가 온 가족이 사망했거나,
인근 지역에서 피난해 온 사람들은 신원조차 파악할 수 없다.

2003 단양 곡계굴에서 문경 석달 마을 89km

석보은의 걷기는 2003년 평화 걷기에서 시작된다.
석보가 단양에 소재한 고등학교에 근무할 때,
충청북도 단양군 영춘면 느티마을에 있는 곡계굴의 아픔을 알게 되었다.
매년 음력 12월 12일이면 느티마을 사람들은 집마다 제사를 지냈다.
그렇게 50여 년이 흘렀어도 하소연조차 할 수 없었다.
한순간에 부모 자식을 잃거나 온 가족이 희생된 비극적인 역사인데도 정부조차 그들의 슬픔을 보듬어주지 못했다.

뜻있는 사람들과 협의해 2003년 1월 15일 첫 합동위령제를 올려 드렸다.

그리고 그해 8월, 문경 작은누리 박형규, 교사 생활을 하고 있던 최진과 함께 평화 걷기를 기획했다.

평화, 생명, 역사를 주제로 8월 11일부터 15일까지 단양 곡계굴에서 문경 석달마을까지 89km를 걸었다.
경북 문경의 석달마을은 한국전쟁 당시 마을 주민 98명이 희생된 곳이다.

이 구간은 소백산을 시작으로 월악산을 넘어 백두대간을 따라걷는 슬픈 역사가 담긴 아름다운 길이다.

5박 6일 동안 전국 각지에서 온 사람들이 걷기에 참가했다.
걷는 동안 아이들에게서 발견한 것은 생명력이다.
여름 햇살 아래에서 온종일 걷지만, 숙소에 도착해 저녁 식사를 마치면 아이들은 곧바로 공을 차러 나간다.
아이들은 회복력이 좋을 뿐만 아니라, 여럿이 모이면 생명력도 넘치는 듯하다.

평화 걷기는 초등학교 3학년부터 어른까지 남녀노소 다양하게 참가했다.
걷고 나면 아이들뿐만 아니라 어른들도 함께 성장한다.

8월 11일, 곡계굴 - 단양 감리교회 교육관 24km
12일, 단양 감리교회 교육관 - 방곡 도예촌 27km
13일, 방곡 도예촌 - 문경 학생야영장 18km
14일, 문경 학생야영장 - 문경 석달마을 위령비 20km

2004 의림지에서 제천 간디학교 94.4km

2004 곡계굴 평화 걷기는 의림지에서부터 곡계굴을 거쳐 간디중학교까지 걸었다.

7월 29일, 장락동 7층 모전석탑과 두학 장자못을 지났다.
단양군 어상천 단산중고등학교 뒷마당에서 텐트를 치고 1박.
7월 30일, 단양 영춘면 별방중학교에서 점심을 먹고,
군간교 지나 영춘면 상리 곡계굴에 도착해 위령제를 올렸다.
조병우 유족의 곡계굴 증언을 들었다.
31일, 신라 시대의 석탑인 향산석탑, 굽이굽이 돌아가는 고습재, 단양역을 지나 단성중학교에서 묵었다.
8월 1일, 소백산 아름다운 풍경으로 펼쳐지는 단양팔경 길이다.
선암계곡, 냉천, 하선암, 중선암, 상선암을 지나 도락산 입구 계곡에서 물놀이했다.
망년치부터 도기까지 5km 정도 산길을 넘어 제천간디중학교까지 걸었다.

7월 29일, 제천 의림지 - 어상천 24.9km
30일, 어상천 - 단양 곡계굴 느티마을 회관 18.8km
31일, 군간교 - 단성중학교 생활관 26.2km
1일, 단성중학교 - 제천 간디학교 24.5km

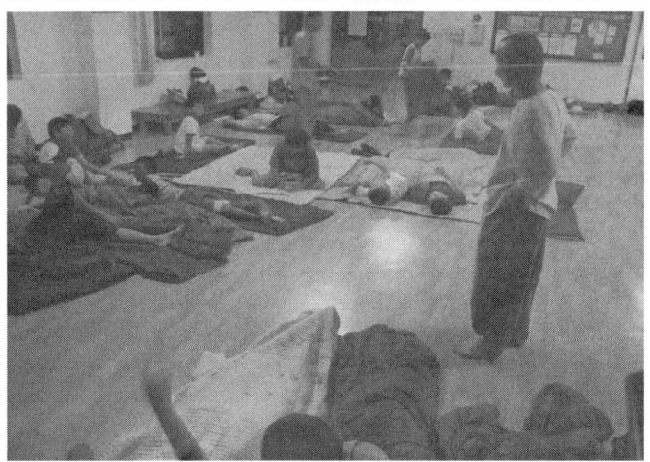

2005 미당에서 곡계굴 87.3km

7월 26일, 석보은이 사는 제천 미당에서 출발했다.
백곡저수지에서 백곡산, 까치봉으로 이어지는 산속 오솔길을 걸어 세명대학교 교정을 통과한다.
송학면 도화리, 마고 할미 전설과 선돌이 있는 입석, 생육신의 한 사람인 원호의 호를 따서 지은 관란정에서 휴식했다.
이곳은 제천과 영월의 경계로 영월 서강을 끼고 있는 한반도 지형을 조망할 수 있다.

26일, 영월책박물관을 견학하고, 가파른 배일치 고개를 넘었다.
점말, 북쌍삼거리에서 문성개 쪽으로, 60m정도 되는 서강 강물길을 50분 정도 가로질러 건넜다.
영월곤충박물관, 영월 선돌, 장릉을 지나 세경대학교에서 하루 일정을 마쳤다.

27일, 덕포 배수펌프장에서 배달로 아침 식사를 했다.
수력발전소, 원골교, 진벌교를 지나 고씨동굴에서 점심 식사.
옥동에서 물놀이를 하고 묵산미술관을 관람했다.

28일, 조선민화박물관, 김삿갓유적지, 의풍 갈림길을 지나
비가 쏟아지는 고개 정상에서 비닐로 천막을 치고 점심을 먹었다.
소백산수련원까지 비를 맞으며 걸었다.
곡계굴에 도착해 촛불 추모제를 올렸다.

7월 25일, 제천 미당 - 서면 광전리 24.5km
26일, 서면 광전리 - 영월 20.1km
27일, 영월 - 김삿갓계곡 23.2km
28일, 김삿갓계곡 - 곡계굴 19.5km

2006 보발재를 넘다, 자양영당에서 곡계굴 77km

7월 29일, 아침에 많은 비로 출발이 늦춰졌다.
점심 후 출발해서 코스를 줄였다.
구한말 의병의 산실인 자양영당에서 굴탄대교, 민빛재, 구곡, 마곡, 예술인 문화학교, 활산리, 사곡리, 병산서당 10km를 걸었다.

30일, 작성산 무암사에서 학현 고개 4km는 길이 험해 차량으로 이동했다.
학현 계곡에서 물놀이하고, 소야리, 쌀미마을, 각기리를 지나 매포에 도착했다.

31일, 덕문곡 재를 넘어 샘골 느티나무 수련원까지 오전에 11km를 걸었다.
점심 식사 장소인 수련원 원장님이 넓은 강당과 시원한 물, 수박, 화채 등을 제공해 주었다.
걷는 아이들이 대부분 미당리서당을 다녀 답례로 명심보감을 암송했다.
덕문곡리, 방북리, 심곡, 가대리, 향산리 느티나무집까지 오후에 11km를 걸었다.

향산리에는 향산사가 있던 자리에 국보 405호인 아름다운 향산석탑이 있다.

8월 1일, 향산리에서 보발재를 넘었다. 보발천 계곡을 따라 올라가는 굽이굽이 고갯길로 보발재 정상에는 절경이 펼쳐지는 정자가 있다. 이곳에서 점심을 먹고, 구인사를 경유했다. 온달산성 부근에서 물놀이를 길게 하고 곡계굴에 도착, 엄한원 곡계굴 대책위원장과 촛불 추모제를 올렸다.

7월 29일, 자양영당 - 금성 성내리 베어스톤 10km
30일, 금성 성내리 베어스톤 - 매포 그린파크 22km
31일, 매포 그린파크 - 가곡 향산석탑 느티나무집 21km
8월 1일, 가곡 향산석탑 느티나무집 - 영춘 곡계굴 18km

2007 소백산 국망봉을 넘다 105km

2007 평화 걷기는 소백산을 넘어갔다가 다시 소백산을 넘어온 강행군 코스다.

의풍리에서 마구령을 넘어 아름다운 산사인 영주 부석사로 갔다가 영주시 단산면을 경유, 초암사에서 소백산을 다시 넘어오는 아름다운 백두대간 코스다.

소백산 국망봉에서 새밭 계곡 쪽으로 하산하는 길은
풀이 무성해서 등산로가 보이지 않았다.
엎친 데 덮친 격으로 천둥 번개와 함께 소나기가 쏟아졌다.
산에서는 소나기를 피할 곳이 없었다.
한여름임에도 불구하고 비를 맞으며 걸으니 추웠다.
119에 연락해도 딱히 방법이 없다며 안전한 곳으로 피신해 있으라는 말만 되풀이했다.
우거진 풀숲을 헤치며 앞으로 나갈 수밖에 없었다.
그렇게 수풀을 헤쳐가다 새밭으로 이어지는 계곡 길이 나와 무사히 내려올 수 있었다.

7월 26일, 단양곡계굴 - 의풍리 - 대궐식당민박 23.4km
27일, 대궐식당민박 - 마구령 - 부석사 27.6km
28일, 부석사 - 단산면 - 금다래산장 33.8km
29일, 금다래산장 - 국망봉 - 새밭계곡 21.1km

2008 박달재를 넘다 83.4km

평화 걷기에 동참한 충청 리뷰 권혁상 기자와 토우 작가 김만수 선생이 제작한 토우로 곡계굴 제57주기 합동 위령 토우제와 함께 만가를 올렸다.

7월 31일, 미당리서당 - 배론 - 백운 등마루민박 20.1km
8월 1일, 백운 등마루민박 - 석천3리 - 문화학교 23.5km
2일, 문화학교 - 구곡교 - 공전 꽃피는 학교 20.4km
3일, 꽃 피는 학교 - 박달재 - 미당리서당 19.4km

2009 마구령, 고치령을 넘다 70km

2009 평화 걷기는 영월의 풍성한 문화유적과 함께했다.
8월 6일, 묵산미술관에서 강연을 듣고 그림 실기를 했다.
조선민화박물관, 김삿갓 유적지를 관람했다.

7일, 의풍과 마락 야영장을 지나 고치령을 넘었다.
삼락정사 황토펜션에서 다도 공부를 했다.
8일, 단산지와 남당지를 거쳐 부석사 저녁 산사를 산책했다.
9일, 소백산 마구령을 넘었다.
남대교를 지나 의풍 분교, 삿갓 계곡에서 마무리했다.

8월 6일, 김삿갓 가는 길 14.9km
7일, 고치령길 15.9km
8일, 부석사 가는 길 19.2km
9일, 마구령길 20.3km

2010 청령포 장릉길 69.7km

8월 12일 곡계굴에서 추모 행사 후 출발했다.
북벽을 낀 둑길을 지나 사지원리, 하원마을, 숙소인 조전리에서 저녁 프로그램으로 허브 비누 만들기를 했다.

13일, 상촌마을, 광전리, 청령포를 거쳐 영월 장릉을 둘러보고, 밤에 습지에서 반딧불 체험을 했다.

14일, 선돌, 곤충박물관에서 곤충 체험, 문개실 유원지, 들꽃민속촌, 쾌연재도자미술관, 선암마을에서 한반도 지형을 관람했다.

15일 관란정을 돌아보고 입석을 지나 송학에서 부모님들과 합류해 함께 걷고 의림지에서 마쳤다.

8월 12일, 곡계굴 - 영월군 남면 조전1리 경로당 16km
13일, 조전1리 - 청령포 - 장릉 12km
14일, 장릉 - 당마루휴게소 20.2km
15일, 당마루휴게소 - 제천 의림지 21.5km

2011 주천강 물길 따라 66km

평화 걷기에서 빼놓을 수 없는 것이 물놀이다.
코스를 짤 때 매일 최소 한군데 이상 물놀이를 할 수 있는 길을 넣는다.

더운 여름날 에어컨 아래에서 벗어나기가 쉽지 않다.
아이들이 햇살 아래 걷는 것만으로도 훌륭한 움직임이다.
그래서 아이들에게 시원함을 즐길 수 있는 물놀이 코스를 최우선으로 하는 것은 필수사항이다.

아이들은 걷고 나서 바로 회복되기 때문에 공놀이를 할 수 있는 공간도 마련한다.
오미 산촌마을에는 미니잔디축구장이 있다.
아이들은 축구를 하기 위해서 열심히 걷는다.

간식으로 아이스크림과 옥수수, 복숭아, 포도, 사과 등 현지에서 생산되는 싱싱한 과일을 먹는다.
인심 좋은 분들은 어린 학생들이 걷는 것이 기특하다며 밭일을 하다가 오이를 따서 주기도 한다.

아이들이 걷는 가장 큰 이유는 저녁 시간에 진행되는 놀이 때문이기도 하다.
삼삼오오 혹은 전체가 모여 자발적으로 다양한 게임을 하며 논다.
이때 어른들은 휴식 시간을 얻는다.

8월 12일, 의림지 - 용석리 16km
13일, 용석리 - 무릉도원 14km
14일, 무릉도원 - 오미산촌마을 19km
15일, 오미 산촌마을 - 의림지 17km

2012 제주 4.3 평화 걷기

평화 걷기 10주년 기념으로 제주 4.3 평화 걷기를 했다.
2012년 8월 5일, 제천역에서 5시 50분 기차, 청주 공항에서 7시 55분 비행기로 출발했다.
제주 4.3 공원에서 제주 4.3 해설을 들었다.
절물자연휴양림으로 이동, 장생의 숲길 약 11㎞ 걷고, 숙소로 이동, 함덕해수욕장에서 물놀이를 했다.

6일, 비자림 3.2㎞, 거문오름 분화구 코스 8㎞를 걷고 메이즈랜드를 거쳐 숙소에 도착했다.
식사 후 화북성당으로 이동해서 임문철 신부님의 '제주 4.3의 역사' 강연을 들었다.

7일, 영실-윗세오름-어리목, 한라산 1코스를 등반했다.
저녁 식사를 하고 조천초등학교 잔디 구장에서 축구를 했다.

8일, 올레길 7코스 13.8㎞를 걷고 표선해수욕장에서 해수욕.
저녁 시간에 바베큐파티 및 캠프파이어를 했다.

9일, 올레 19코스 일부 구간을 걷고 자연사박물관 견학.
19:30 제주공항에서 출발 20:30 청주 공항 도착했다.
21:21 청주공항역 출발, 22:33 제천역 도착 및 해산했다.

제주도는 숲이 조성된 좋은 공원이 많아 더운 여름날 걷기에는 좋은 곳이다.
절물자연휴양림, 장생의 숲길 등은 뜨거운 태양 아래에서 걸었던 그동안의 평화 걷기와는 달랐다.
걸어도 피곤하거나 지치지 않을 만큼 숲길이 잘 조성되어 있다.

걷는 이들에게 잘 알려진 올레길은 습하고 더워 여름보다는 겨울에 걷는 것을 추천한다.
여름에는 오름이나 공원으로 조성된 숲길 걷기가 좋다.

4.3 평화 걷기라는 주제가 있어 걷기 위주로 프로그램을 진행했지만, 제주도는 다양한 볼거리와 박물관이 있어서 걷기 프로그램과 연계하는 것이 좋을 듯하다.

2013 강화도 나들길

 대안교육 전문지 '처음처럼'을 창간한 강화도 황덕명 선생과의 인연으로 2013년 평화 걷기는 강화도에서 진행했다.
 삼도역사 문화길, 마니산, 산마을 학교를 탐방했다.
 강화의 넓고 넓은 들판은 말 그대로 평화로웠다.
 아이들 노래가 끊이지 않았고, 강화도 들길 이곳, 저곳을 다녔다.
 갯벌 체험이 아이들에게 가장 좋은 시간이었다.

 화가 몽피 선생이 아이들과 함께 걸으며 자세한 안내를 해주었다.
 마지막 날에는 직접 그린 그림으로 손수건을 만들어서 평화 걷기 참가자에게 한 장씩 주었다.

 2003 평화 걷기를 함께 진행했던 최진 선생이 경북 영양에서 가족과 함께 먼 길을 달려와 10년 만에 합류했다.
 돌아오는 길에는 10년 동안 함께 평화 걷기를 진행한
 장호순 선생과 함께 식사했다.

 보은의 암이 전이 되어 2013년을 끝으로 평화 걷기를 더 진행하지 못했다.

8월 8일, 삼도역사 문화길
9일, 마니산 길
10일, 해넘이 길, 갯벌 체험
11일, 산마을학교 가는 길, 강화역사박물관과 고인돌

평화 걷기를 마치며

누가 걷는가?

강이 걷고, 산이 걷고, 물이 걷고, 바람이 함께 걸었다.
걷다 보면 내가 혼자 걷는 것이 아니고 자연이 늘 함께 걸었음을 깨닫게 된다.

걸을 때 가장 힘든 곳이 아스팔트 길이다.
아스팔트에서 올라오는 복사열뿐만 아니라,
달리는 차로부터의 안전에 대한 걱정으로 신경이 곤두선다.
아스팔트 길을 걸을 때 함께 걷는 자연이 없어 쉽게 지친다.
그래도 좋은 점이 있다.
자기 자신과 대화하며 걸을 수 있는 시간이기노 하다.
자연에 눈길을 주지 않고,
내 안에 있는 길, 내가 걸어 온 길,
내가 걸어가야 할 길을 가는 시간이다.

이 땅의 역사와 함께 걸었다.
이 땅에서 억울하게 돌아가신 분들에 대한 위령은
자신의 삶을 성찰하게 하고,
우리가 몸담고 살아야 하는 사회를 생각하게 한다.

그 가운데 자신이 성숙해가고, 사회가 더 건강해지길 소망한다.
'평화 걷기'인 까닭이 여기 있다.

아이들을 무더운 여름날 걷기에 보내주신 부모님들의 사랑도 함께 걷는다.
4일간 길거리에 아이들을 내맡기는 일은 쉽지 않다.
믿음이 있어야 아이들을 맡길 수 있다.

그냥 맡기는 것이 아니라, 소중한 생명을 맡기는 것이다.
그러기에 부모님들은 집에 있어도,
자녀들이 잘 걷기를 기도한다.
부모님들은 기도로 함께 걷고,
그 힘으로 아이들이 걷는다.

무더운 여름에 사서 하는 고생, 힘들고, 짜증 나고, 신나고,
행복하고, 지치고, 불만이고, 기쁘고, 감사하고
이 모든 것들이 걷는 동안 서로 섞이며 마침내 가슴 뿌듯함으로 남는다.

내 의지와 노력만으로 걷는 것이 아니다.
내가 걷고, 자연이 걷고, 아스팔트도 걷고, 역사가 걷고,
부모님들의 사랑이 함께 걷는다.

어떻게 걷는가?

평화 걷기를 하면서 앞 이틀은 몸과 마음을 풀어주는 걸음,
뒤 이틀은 몸과 마음을 조여 주는 걷기를 한다.

첫날은 느슨하게 걷는다.
할 일 없이 동네 마실 나간 사람처럼 걷는다.
여러 곳에서 모였고, 또 각자 다른 생각으로 모였기에 삼삼
오오 친한 사람들끼리 걷게 내버려 둔다.
몇몇 아이들은 신나서 떠들고 장난치며 걷는다.
질서가 없다.
특히 부모님의 권유로 마지못해 온 아이들은 엉덩이를 뒤로
빼고, 미운 오리 새끼처럼 걷는다.
관성의 법칙에 따라 걷기 전의 생활 습관이나, 사고방식이
그대로 드러난다.
걸음걸이, 행동, 말하는 것이 거칠고, 산만하다.
이런 마음을 풀어내는 것이 첫날 걸음이다.
둘째 날은 점심 이후부터 조금씩 속도를 내기도 하고
걷는 의미를 되새긴다.
4일간 느슨하게 걸어선 의미가 없기 때문이다.

셋째, 넷째 날은 걷는 자세를 바르게 하고,
걷는 대형도 갖추도록 노력한다.
앞, 뒤 간격을 살펴보게 하며,
될 수 있는 한 말을 하지 않고, 빠른 속도로 걷는다.
그래야 걸음의 효과도 있고 마음가짐도 바르게 된다.
자연스럽게 잔소리를 하고, 엄하게도 하고,
또 따스하게 격려하며, 용기를 북돋아 주기도 한다.
가능하면 주변 사람과 이야기하지 않고,
혼자만의 걸음이 될 수 있도록 한다.
그리고 걷는 내내 경쟁심을 부추기지 않도록 주의를 기울인다.

어느 한 사람이 처지면 다 함께 발이 묶인다.
빨리 가려면 혼자 가고, 멀리 가려면 함께 가라는 말이 있다.
함께 걷는 사람들 모두
나와 더불어 이 세상을 살아가야 하는 동반자이다.
평화 걷기를 하는 이유는 나 혼자 잘 걷고,
나 혼자 잘 사는 세상을 추구하지 않기 때문이다.
소외된 사람, 아픈 사람, 처지는 사람과
더불어 사는 삶을 꿈꾸기 때문이다.

혼자 걷되 함께 가는 길.
우리가 가야 할 길이다.
걷기가 결코 남보다 앞서기 위해서가 아님을 되새기며 걷는다.

6부 준비 운동

규칙적인 반복 속에 진리가 있다.
태양은 아침마다 솟아오르고, 저녁노을 속에 진다.
달은 차면 기울고, 기울었다가 다시 차오르기를 반복한다.
자연의 흐름에 따라 우리도 아침이면 일어나 움직이다가
저녁이면 집으로 돌아간다.

걷는 것은 움직임의 한 부분이다.
걸으면서 자연의 흐름을 느끼고, 내 몸의 리듬을 찾는다.

준비 운동

준비 운동은 몸에 들어가 있는 힘을 빼고
호흡을 가다듬는 것이다.

정해진 준비 운동이 있는 것은 아니다.
본 운동에 맞게 준비 운동을 하면 된다.
운동의 강도나 관절, 근육의 사용 여부에 따라 준비 운동을 한다.
근육 손상이 있을 수 있으므로, 반동은 주지 않는다.
무리하게 힘을 가하는 동작도 하지 않는다.

준비 운동으로 체온을 높이고, 관절의 가동범위를 늘린다.
근육의 유연성을 확보해 근육의 활성화, 주운동의 효율성을 증대한다.
부상을 예방하고, 다이어트 효과도 촉진한다.

걷는 데 무슨 준비 운동이냐고 반문한다.
걷는 것이 강도가 높은 운동이 아니기 때문이다.
산책 정도의 걷기라면 준비 운동이 필요하지 않다.
걷기 시작한 지 5분 정도 천천히 걷는 것도
준비 운동으로 충분하다.

걷기를 하는 다수가 높은 연령대다.
몸이 굳어져 있거나 관절과 근육에 문제가 있을 수 있다.
유연성과 균형 감각이 떨어진 상태라면
예측하기 어려운 장애가 생길 수 있다.
나이가 많을수록 준비 운동으로 몸을 풀어준다.
준비 운동 자체로 좋은 운동이다.

준비 운동은 체온을 끌어올린다는 의미에서
발에서 시작해 머리에서 끝난다.

발목 돌리기

오른발을 한 발 정도 뒤로 빼서 발목 돌리기를 한다.
평상시 접혀있는 발목 앞부분을 풀어준다는 느낌으로 한다.
발끝을 축으로 해서 360도 회전한다.
열 개 발가락을 피아노 건반 두드리듯 부드럽게 풀어준다.

오른발부터 오른쪽으로 8번, 왼쪽으로 8번 돌려준다.
발을 바꿔 왼발을 오른쪽으로 8번, 왼쪽으로 8번 돌려준다.

천천히, 땅의 기운과 하늘의 기운이 만나고 봄날의 햇살 속에서 부드러운 대지에 씨앗을 뿌리듯 발을 돌린다.

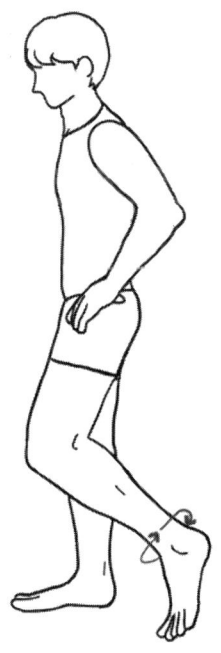

쪼그려 앉았다가 일어서기

높은 연령대에 속하는 사람 중 쪼그려 앉기를 하지 못하는 사람들이 많다.
무릎에 문제가 생겼거나 경직된 근육 때문이다.
쪼그려 앉기는 태아의 모습을 연상하며 한다.

부드러운 태아처럼 쪼그려 앉아 최대한 몸을 오므린다.
여덟까지 천천히 세면서 몸에 힘을 빼고, 숨을 내쉬며 긴장을 풀어준다.

생명을 담고 있는 씨앗처럼,
내 몸을 보듬어 안아준다.

다시 기지개를 켜듯 일어나 무릎에 손을 얹어 앞으로 몸을 숙이고, 천천히 허벅지 뒤 근육을 풀어준다.

무릎 돌리기

허리를 굽혀 손을 무릎에 얹는다.
다리를 쭉 편 상태에서 시작해 무릎을 굽히고 360도 회전한다.
다시 원점으로 돌아온다.
정지 동작 상태에서 다시 반대로 360도 회전한다.

평생 앉고, 서고, 걷고, 뛰면서 무릎을 사용한다.
무릎에 문제가 생기면, 앉고, 서고, 걸어가는 것이 불편해진다.
돌리기 전에 따스하게 무릎을 감싸고 보듬으면서 천천히,
시계 방향으로 8번, 반 시계 방향으로 8번 돌린다.

허리 숙였다 펴고, 뒤로 젖히기

허리를 숙였다가 펴고, 뒤로 젖히는 동작이지만
이 운동의 목적은 허벅지 뒤 근육 스트레칭에 있다.
허리에는 반동을 주거나 무리를 가하지 않는다.

대지를 끌어안듯 허리를 숙이고, 하늘을 가슴에 안듯
하나, 둘, 셋, 넷, 다섯, 여섯, 일곱, 여덟
아주 천천히 세면서 허리를 숙인다.
다시, 일어나 여덟까지 천천히 세면서 허리를 충분히 펴준다.

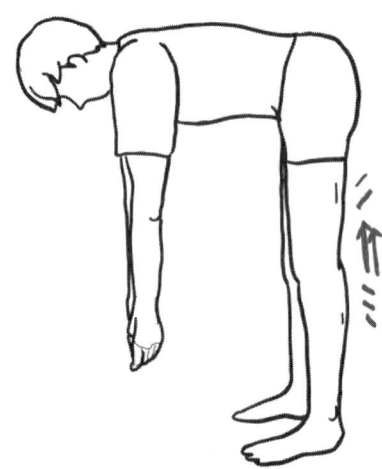

골반과 허리 돌리기

허리를 360도 회전하며 문제가 있는지 체크 한다.
걷기는 골반의 움직임이 유연해야 좋다.
걷기는 다리로 걷는 것이 아니라
허리 또는 골반으로 걷는다는 말이 있다.
걷기 초보자일수록 발과 다리로 걷는다.
상급자는 허리나 골반으로 걷는다.

골반을 의식하며 시계 방향으로 8번,
반 시계 방향으로 8번 크게 돌린다.
시계 방향으로 한 바퀴 돌고, 원점으로 돌아와
정지 동작에서 다시 반 시계 방향으로 한 바퀴 돈다.
8회 반복한다.

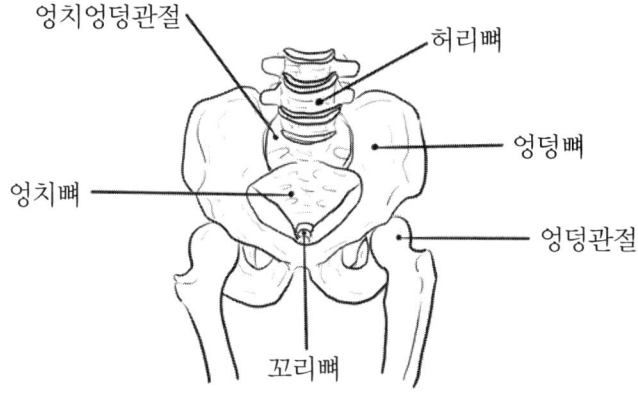

팔과 어깨 돌리기

팔과 어깨의 가동력을 확인하고 경직된 어깨를 푼다.
어깨를 목 위로 끌어 올리고 가슴을 최대한 펴준다.
양팔로 두 개의 원을 그리듯 회전한다.

준비 운동을 할 때는 머리를 감싸 안을 듯,
최대한 어깨를 위로 끌어 올려준다.
아래에서 위로 끌어올리는 느낌으로 8회 돌리기를 한다.

숨을 마시면서 올렸다가 숨을 내쉬면서 내려준다.
8회 실시한다.

목 운동

목을 살짝 뒤로 젖혀 기준을 잡고 360도 회전한다.
처음 위치로 돌아와 정지 동작을 한 후
다시 반대로 360도 돌려준다.

해가 동쪽에서 뜨고 서쪽으로 지듯,
시계 방향으로 돌렸다가 제자리에 와서 정지 동작을 하고
다시, 반 시계 방향으로 여덟까지 세며 돌린다.
8회 실시한다.

마무리 운동

마무리 운동은 준비 운동의 역순으로 실시한다.

목 운동부터 시작해
팔과 어깨 돌리기
허리(골반) 돌리기
허리 숙였다 펴고, 뒤로 젖히기
무릎 돌리기
쪼그려 앉기
발목 돌리기 순서로 한다.

마무리 운동으로 맥박과 호흡을 안정시킨다.
운동으로 인한 노폐물을 감소하고, 근육통을 줄이며
호르몬 등 신체를 원상회복한다.

7부 걷기 자세

우리의 날숨과 들숨은
우주 전체의 날숨과 들숨이다.

— 사와키 코도

몸을 곧게 세우고 걷는다

 정수리를 시작으로 귀와 어깨 가운데, 바지 재봉선, 무릎 가운데, 복숭아뼈가 일직선이 되면 몸이 곧은 것이다.
 곧게 서서 걷는 것, 이것이 직립 보행이다.

 몸을 곧게 세우지만 경직되지 않아야 한다.
 몸에 힘을 빼고, 호흡과 코어를 의식하며, 몸 전체가 서로 유기적으로 연결됨을 느끼며 걷는다.

시선은 전방을 향하고 걷는다

시선은 도로 상태를 살펴보되
머리를 숙이지 않고 정면을 응시하며, 가능하면 멀리 본다.

시선은 방향을 잡는 것이다.
시선을 놓치면 자세도 흐트러진다.
두리번거리거나, 고개를 숙이지 않고 걷는다.

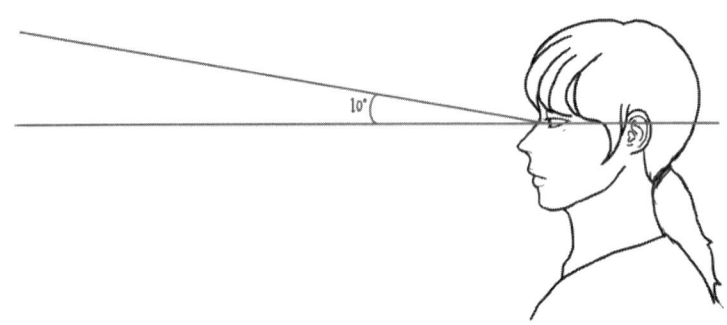

턱을 들면서 살짝 당기고 걷는다

턱을 바짝 당기면 목과 어깨에 힘이 들어가서
경직된 자세가 될 수 있다.
거북목처럼 턱을 앞으로 내밀지 않도록 의식하며
턱을 든다는 느낌으로 살짝 당겨 준다.

턱은 방향키와 같아 걷는 자세를 이끈다.
턱을 들면서 살짝 당기는 느낌으로 걸으면 자연스럽게 시선이
전방을 향하게 되고, 가슴이 펴지며 몸을 곧게 세우게 된다.

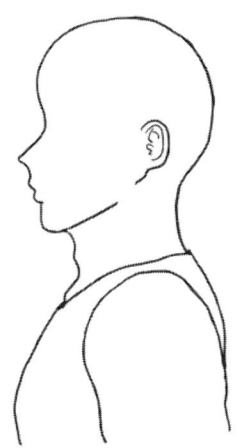

어깨에 힘을 빼고 걷는다

몸의 긴장을 풀고 내 몸의 리듬을 느끼며 걷는 것이 좋은 걷기다.
힘이 들어가면 몸이 긴장하게 되고, 불필요하게 에너지를 소비한다.
몸이 경직되지 않게 어깨를 털어주고, 숨을 의식적으로 내쉬며 몸의 힘을 뺀다.

운동에서 몸에 힘을 빼는 것은 중요하다.
몸에 힘을 줄 때 대표적인 곳이 어깨다.
어깨에 힘이 들어가면 자세가 경직되고 팔 흔드는 것이 자연스럽지 않게 된다.

가슴을 펴고 걷는다

가슴으로 걷는다는 말이 있다.
낙하 운동에 의한 추진력이 가슴에서부터 시작하기 때문이다.

가슴을 펴는 것은, 내 몸의 문을 여는 것과 같다.
가슴을 들어 올리는 느낌으로 펴주고 배꼽을 최대한 등 쪽으로 붙여준다.
어깨가 몸 중앙에서 뒤로 너무 밀리면 가슴을 펴는 것이 아니라, 가슴을 내미는 것이다.
어깨 중앙선이 무너지지 않도록 앞과 뒤의 균형을 잡으며 가슴을 편다.

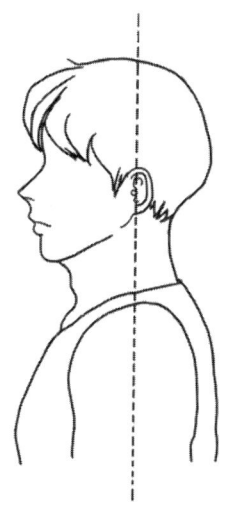

코어를 의식하며 걷는다

코어는 내 몸의 중심이며 몸을 곧게 하는 힘의 근원이다.

코어는 횡경막, 복근, 골반기저근, 척추기립근을 기반으로 이루어진 에너지 집합체로, 코어에서 비롯된 힘이 골반과 엉덩관절 다리로 이어져 걷기가 된다.

제대로 된 걷기는 코어로 걷는 것이다.

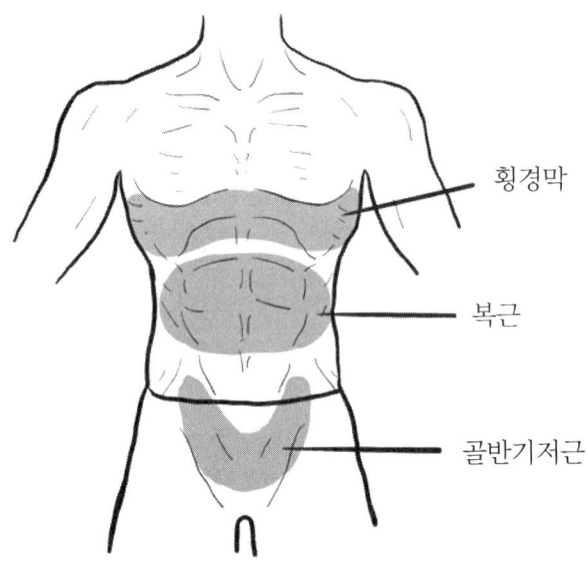

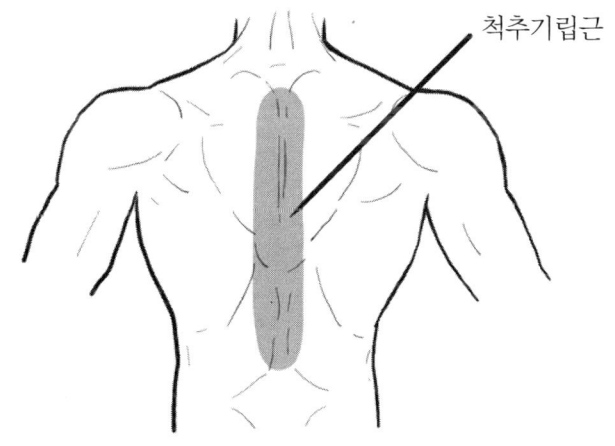

허벅지, 무릎, 발목을 스치듯 걷는다

나이가 들면 몸이 앞으로 굽어진다.
두 다리가 점점 벌어져 오다리가 된다.

오다리 교정을 위해 허벅지, 무릎, 발목을 스치듯 모으고 걷는다.

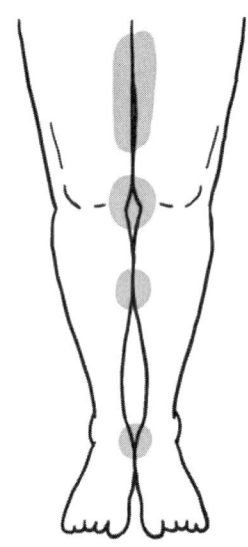

발뒤꿈치부터 닿고 발끝으로 나간다

비행기가 활주로에 착륙하듯 부드럽게 뒤꿈치가 땅에 닿게 한다.

발뒤꿈치부터 땅에 닿고, 발끝, 발가락 순으로 달걀이 굴러가듯 앞으로 이동한다.

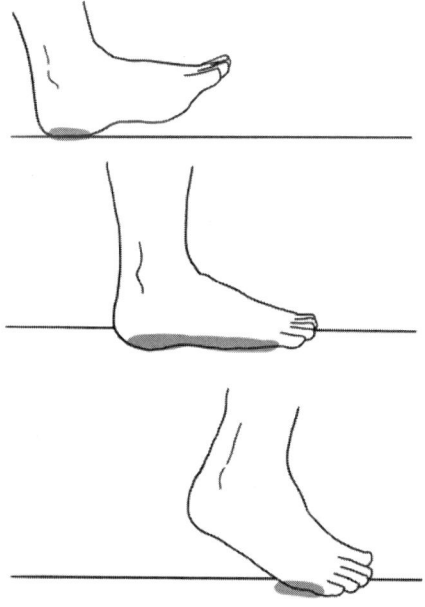

※ 걷기용품

편한 신발
워킹화로는 볼 넓은 신발을 추천한다.
가능한 한 걷기 전용 신발을 신는다.
자신이 평상시 신는 신발보다 두 치수 이상 큰 신발을 권장한다.
걷기 능력은 목적에 맞는 신발을 신고, 날씨에 따라 옷을 입을 수 있는 능력이기도 하다.
자신의 발에 맞는 신발을 잘 고르는 능력도 중요하다.

기능성 옷
땀 흡수가 잘되고, 통풍이 잘되며, 무겁지 않고 특히, 여름에는 빨리 마르는 기능성 옷이 좋다.
야외 걷기는 작은 기후 변화에도 민감하게 대처하는 능력을 키워야 한다.

걷기는 궁극적으로 건강을 위한 것이다.
날씨에 대처하지 못해 비를 맞거나 더운 날씨에 땀을 너무 많이 흘려 몸에 무리를 줄 수 있다.
옷을 얇게 입어 몸을 차게 해도 체력을 **뺏긴다**.
비바람이 심하게 몰아치는 날, 우의를 준비하지 못했다면 걷기 어려울 것이다.

가방
걷기를 할 때 12ℓ 정도 되는 작은 배낭을 사용한다.
배낭이 있어야 물을 넣고 비상용품도 넣을 수 있다.
우산이나 우의, 휴지 등 비상용품을 넣는다.
더우면 옷을 벗거나 덧입을 때 활용한다.

작은 배낭을 메는 습관을 들이는 가장 큰 이유는 수시로 물을 마시기 위해서다.
보온병에 따스한 물을 넣고 다니다가 자주 조금씩 마신다.

스틱
다리에 무리가 있는 경우에는 보조로 활용한다.
임도나 가파른 길을 갈 때 스틱을 활용하면 좋다.

선크림
피부를 보호한다.
걷기 전에 자외선 차단제를 얼굴, 목, 팔에 잘 발라준다.

스포츠고글
눈이 과도한 햇빛에 노출되면 백내장 등의 발생률이 높아진다.
고글 착용으로 눈을 보호한다.

플래시 라이트
야간 걷기 필수품이다.
걷기의 목표가 건강에 있지만,
건강 이전에 안전이 있다.
안전사고를 대비해 준비한다.

발가락 양말
여름에는 발가락 양말을 권장한다.
발가락의 땀을 흡수할 뿐 아니라 발가락을 하나하나 의식할 수 있어서 좋다.
수시로 발가락을 보살피고 잘 보듬어준다.

이 도서는 충청북도교육도서관의
교사 책 출판 지원 프로그램 지원금을 받아
제작되었습니다.